Manual para la elaboración e implementación de
un modelo de evaluación por competencias

Manual para la elaboración e implementación de un modelo de evaluación por competencias

José Gregorio Contreras Fernández

Número de Control de la Biblioteca del Congreso de EE. UU.:   2013920657
ISBN: Tapa Dura   978-1-4633-7339-9
                 Tapa Blanda   978-1-4633-7341-2
                 Libro Electrónico   978-1-4633-7340-5

Este libro fue impreso en los Estados Unidos de América.

Fecha de revisión: 07/01/2014

Para realizar pedidos de este libro, contacte con:
Palibrio LLC
1663 Liberty Drive, Suite 200
Bloomington, IN 47403
Gratis desde EE. UU. al 877.407.5847
Gratis desde México al 01.800.288.2243
Gratis desde España al 900.866.949
Desde otro país al +1.812.671.9757
Fax: 01.812.355.1576
ventas@palibrio.com
501533

ÍNDICE

"A mi querida madre "María Salomé quien a pesar de sus quebrantos de salud me anima vocacionalmente a seguir adelante"

DEDICATORIA

Este libro está dedicado a:
Distrito Lasallista de Bogotá

Docentes de la Institución Educativa:
Politécnico Álvaro González Santana
Sogamoso – Boyacá

Docentes de la Institución Educativa:
Colegio Nacional Danta Alighieri
San Vicente del Caguán – Caquetá

Docentes de la Institución Educativa:
Colegio Sagrado Corazón de Jesús
Cúcuta – Norte de Santander

INTRODUCCIÓN

El *Manual para la elaboración e implementación de un modelo de evaluación por competencias*, nace de una experiencia evaluativa originada por la implementación de los decretos reglamentarios 230 de 2002 y 1290 de de 2009 en tres instituciones educativas lasallistas, Politécnico Álvaro González Santana (Sogamoso – Boyacá), Colegio Nacional Dante Alighieri (San Vicente del Caguan – Caquetá) y el Colegio Sagrado Corazón de Jesús (Cúcuta – Norte de Santander) que ha promovido la necesidad de sistematizar la experiencia del sistema de evaluación en medio de la continua reforma.

En este sentido, el Manual, es el producto de la sistematización de la experiencia evaluativa que en el marco de la evaluación por competencias y de la norma ISO 9001 versión 2008 permite relacionarlas para dar forma al Modelo de Evaluación por Competencias, que se estructura en tres capítulos y en el apartado abundante de matrices de aplicación y control sobre los criterios, procesos y procedimientos de las prácticas evaluativas, en forma de apéndices.

Básicamente, el primer capítulo introduce en los fundamentos sobre la evaluación, la competencia, los procesos de enseñanza – aprendizaje en el marco del desarrollo humano, siempre iluminados por la norma ISO9001-2008. El segundo capítulo reconoce el modelo pedagógico, aprendizaje significativo, como el organizador curricular que exige una evaluación por competencias, sistemáticamente organizada. Para afirmar, que cualquier modelo de evaluación institucional nace del modelo pedagógico elegido para educar y los criterios, procesos y procedimientos para gestionar la evaluación en el aula. El tercer capítulo vinculado al apartado de los 34 apéndices ofrece de forma amplia, la implementación del modelo de evaluación por competencias, siendo la médula de éste manual, en tanto en él se reconoce la aplicación organizada y coherente de lo enunciado en los dos primeros capítulos.

Agradezco a los maestros y maestras, por sus prácticas evaluativas, los debates e interrogantes que permitieron inspirar este manual, así como a todos los agentes educativos de las tres instituciones educativas, Hermanos y laicos que con sus valiosos comentarios posibilitaron mejorar ideas centrales de este escrito.

CAPÍTULO I

FUNDAMENTACIÓN EVALUACIÓN POR COMPETENCIAS BASADO EN EL SISTEMA DE GESTIÓN DE LA CALIDAD

El presente capítulo sostiene un marco conceptual sobre la evaluación por competencias, que permite comprender las categorías centrales, usadas en tres instituciones educativas lasallistas, para el diseño e implementación de un modelo de evaluación por competencias basado en el sistema de gestión de la calidad.

1. EVALUACIÓN POR COMPETENCIAS

La evaluación por competencias en las instituciones educativas de educación básica primaria, secundaria y media vocacional, evidencia la aplicación de la concepción educativa de UNESCO y desde ésta, de varios pensadores modernos que afirman su indispensable presencia para una calidad educativa pertinente a los nuevos tiempos. Al respecto afirma Villalobos:

> "La concepción educativa sobre competencias – promovida por el máximo organismo internacional de la educación: Organización Internacional para la Educación, la Ciencia y la Cultura (UNESCO)- se genera durante la década de los setenta del siglo XX, y es conocida como *Educación Permanente.*" (p. 28)

La UNESCO asume los desafíos exigidos por el Fondo Monetario Internacional (FMI), el Banco Mundial (BM) y el Banco Interamericano de Desarrollo (BID) para fortalecer el proceso de globalización y la competitividad laboral, ante la demanda de países como, "Alemania, Austria, Canadá, Francia, Inglaterra, Italia, Japón, Nueva Zelanda y Estados Unidos" (Villalobos, 2009, p. 30) cuyas principales exigencias para la educación mundial se centran en mejorar y desarrollar habilidades de calidad para el trabajo que respondan a los servicios de una sociedad en permanente cambio.

1.1. ¿Qué es la evaluación por competencias basada en el sistema de gestión de la calidad?

Básicamente la evaluación por competencias que se fundamenta en el sistema de gestión de la calidad, específicamente en la norma ISO9001 de 2008, debe ser comprendida como una oportunidad de aprendizaje y de enseñanza capaz de promover procesos desarrollo humano que arrojen evidencia[1] de la formación integral para la mejora continua[2].

---

[1]   "La palabra *evidencia* desde el *Diccionario de la Lengua Española*, de la Real Academia Española, se refiere a la certeza clara y manifiesta de la que no se puede dudar; es la certidumbre de algo, de modo que por ser considerado el fundamento o elemento indudable para emitir un juicio sobre algo, a la persona que llegue a juzgar lo contrario se le tomará, con sobrada razón, como imprudente, temeraria, arbitraria o injusta." (2011, p.61)

[2]   "Mejora continua: actividad recurrente para aumentar la capacidad para cumplir los requisitos o necesidad o expectativa, generalmente implícita u obligatoria." (ICONTEC, Bogotá, pp. 9 – 12)

Esta perspectiva de evaluación por competencias exige la adecuación de los procesos de la formación integral que giran en torno a ella: el aprendizaje y la enseñanza; esto significa el conocimiento de los sujetos que reciben esta evaluación, el para qué, el qué, cómo, con qué, cuándo y, dónde evaluar; pero las respuestas a estos elementos constitutivos de una evaluación por competencias exigen una revisión de los procesos cotidianos a través del sistema de gestión de calidad que permita organizar, planificar y hacer una instrumentación evaluativa más eficiente y eficaz. Al respecto asevera Villalobos:

> "En cada uno de sus procesos se requiere de mecanismos de evaluación precisos que midan los niveles de dominio de cada competencia, de cada estudiante... Se trata de un diseño curricular detallado y sistemático de formación, sustentado en los estándares del proceso de gestión de calidad del currículo, acorde con el Proyecto Educativo Institucional..." (p.77)

Podría afirmarse que la evaluación por competencias a partir de ISO9001 de 2008, es en sí misma un mecanismo de certificación y acreditación de los aprendizajes al determinar las habilidades necesarias para una educación de calidad. Esto significa, al decir de Villalobos, que centra su atención en la construcción de los aprendizajes y al mismo tiempo de los procesos y dispositivos de enseñanza que coadyuvan al dominio de la competencia.

Estas afirmaciones conducen a admitir la necesidad de comprender la concepción de evaluación, de competencia, de enseñanza, de aprendizaje y de la norma ISO9001 de 2008 aplicada a educación para construir los procesos articuladores de estas piezas del engranaje de la calidad educativa.

Evaluación

La concepción que aquí se plantea, la propone como una práctica que desenvuelve una variedad de procesos organizacionales, académicos que se desprende de su aplicación en el aula, que va más allá de los resultados, en donde la efectividad de la misma se evidencia en la planificación, en el hacer y en la revisión de los aprendizajes y las enseñanzas "que está en función de los procesos de acreditación o certificación." (Villalobos, cf., p. 153)

La evaluación es fundamental en la conformación y mejora continua del servicio educativo en tanto permite una enseñanza y un aprendizaje eficaz, esto es planificada en el uso de los recursos y de material integral. Gracias a la evaluación se puede dar razón de los objetivos, del estado inicial y final de un aprendizaje. La evaluación le permite tanto al evaluador como al evaluado medir el éxito o el fracaso de un proceso. La evaluación dependiendo del punto de vista o enfoque puede ser objetiva, subjetiva e intersubjetiva.

Hablar de objetividad en la evaluación es muy difícil, pues solo se requiere de un test con preguntas cerradas y precisas, donde el afecto del maestro no entre a mediar, cuando el afecto del maestro participa, se puede decir que hay subjetividad, entonces en conclusión la evaluación debe tender a la intersubjetividad, ya que tanto el evaluador como el evaluado interactúan y son sujetos que por mas estrictos siempre estarán expuestos a la dimensión afectiva.

La planificación, el hacer y la evaluación gira en torno no sólo al logro y desempeño de los estudiantes, sino a lo que permite este proceso de valoración. Gracias a la evaluación se pueden tomar medidas en torno al diseño del aprendizaje o de la enseñanza. Los profesores cada vez que evalúan a sus estudiantes, pueden hacer mejoras o reorientar su quehacer pedagógico.

En la valoración de las condiciones de quien se evalúa, el enfoque de la evaluación por competencias asume el desarrollo de las evaluaciones internas, es decir, aquellas en las cuales, el profesor y los estudiantes las realizan sin interferencia de un externo; estas formas de evaluación son de tres tipos, a saber:

o   Según su finalidad y función es formativa o sumativa.

o   Según su extensión es global y parcial.

o   Según los agentes evaluadores es autoevaluación, coevaluación y heteroevaluación.

o   Según el momento de aplicación es inicial, procesual y final.

Según su finalidad y función: "Formativa: se utiliza preferentemente como estrategia de mejora de los procesos educativos de cara a conseguir metas u objetivos previstos. Es la más apropiada para la evaluación de procesos… –y- sumativa para la evaluación de productos, es decir, de procesos terminados, con realizaciones precisas y razonables…"(Fundación Instituto de Ciencias del Hombre recuperado el 3 de agosto de 2011 de http://www.oposicionesprofesores.com/biblio/docueduc/LA%20EVALUACI%D3N%20EDUCATIVA.pdf)

Según su extensión: global cuando "abarca todos los componentes o dimensiones del alumno… -y- parcial cuando estudia o valora determinados componentes o dimensiones… de rendimiento de un alumno." (Op.cit)

Según los agentes evaluadores existen tres formas de evaluar, la autoevaluación, la heteroevaluación y la coevaluación:

1.   La autoevaluación (Auto: El propio individuo, por sí mismo, y Evaluación: Valoración). La autoevaluación es la

razón (valoración) que da de sí mismo un individuo frente a determinado proceso de aprendizaje. La autoevaluación (Auto: El propio individuo, por sí mismo, y Evaluación: Valoración).

La autoevaluación busca desarrollar en la persona, la autonomía (Mounier, 2002, p. 24), es decir, amplia la capacidad de generar sus propias normas, y, sobre todo, las normas que permiten tomar conciencia del propio desempeño. "La autoevaluación es muy recomendable como medio valioso para impulsar la formación integral, ella logra aumentar en los alumnos la autoestima, despertar sentido de responsabilidad y afianzar la autonomía" (Mounier, 2002, p. 24). En esta perspectiva se reconoce en el Ministerio de Educación Nacional una evaluación que preconiza "...la autoevaluación –como- el proceso por el cual la persona analiza sus actividades y características de acuerdo con ciertos criterios y puntos de referencia. La autoevaluación es el hecho de que la persona emita juicios de valor sobre sí misma. (Moreno, 1973, p. 41)

Así, la autoevaluación le permite al estudiante la posibilidad de re-conocerse para construir en él, compromiso y responsabilidad; Cuando el estudiante es capaz de reconocer sus propios aciertos o desaciertos y tomar las medidas que le permitan superarse, se va formando en él la responsabilidad y el carácter, de ahí el porque la autoevaluación debe permitírsele a los estudiantes, de modo que le permitamos hacer de la autoevaluación una estrategia de formación integral.

2. La co-evaluación. No son muchos los centros educativos que aplican procesos de coevaluación, ya que el currículo orienta el sistema de evaluación dentro de prácticas evaluativas verticales que poco permiten el intercambio entre iguales, que superen o compartan la evaluación que detenta el profesor. El prefijo co- significa con otros. Así, la coevaluación vendría a ser el proceso de valoración en el que participan e intervienen los otros iguales en un proceso que fortalece la convivencia, y

en donde se asume la escucha, el respeto y la reciprocidad que nutre el enriquecimiento personal.

La coevaluación ha tomado fuerza últimamente en los procesos de enseñanza aprendizaje, ya que afecta directamente la relación de un individuo con otro. Como dice Emmanuel Mounier, "la persona no está sola, sino que convive con otros y requiere de los otros, para socialmente coexistir" (Mounier, p. 27). La coevaluación permite la confrontación de valoraciones entre iguales, ejercitándose la coexistencia, en tanto, posibilidad real de compartir juicios de valor sobre sí.

Este tipo de evaluación puede fortalecer los niveles de convivencia y de tolerancia en la vivencia de los educandos, pues al poner en acción la presencia evaluadora, se pueden fortalecer los niveles de desempeño escolar y directamente el proceso de formación en valores. La coevaluación favorece el ambiente entre personas que se confrontan con madurez, no con el ánimo de ofenderse, sino de construirse mutuamente.

La coevaluación es "la evaluación mutua que se hacen los integrantes de un grupo, en donde se determinan los logros, avances o dificultades que se puedan presentar en la evaluación de los procesos pedagógicos (…) Los centros como comunidades educativas se organizan sobre la base de la unidad y la distribución de funciones y tareas entre los miembros, todos ellos deben sentirse miembros activos e imprescindibles para el logro de las metas" (Hoz, 1998, p. 311). El proceso de evaluación de la enseñanza-aprendizaje no debe fomentar el individualismo, si la pretensión es la de formar personas socialmente activas.

Zacarías Ramo en su libro " Teoría y práctica de la evaluación en la educación secundaria" plantea: "La autoevaluación supone la valoración de la propia actividad por parte de los alumnos y alumnas, y la coevaluación consiste en la evaluación mutua o conjunta de las actividades y trabajos realizados y presentados en el aula (…) Para lograr que mejore el proceso de enseñanza-aprendizaje mediante la aplicación enriquecedora de la evaluación, es también importante incorporar a ella la autoevaluación y coevaluación de los propios alumnos…"(1996, p. 15)

3. La heteroevaluación: consiste "en la evaluación que realiza una persona sobre otra" (Ramo, 1996, p. 89) en este caso sería el educador, el que daría razón del proceso de los educandos a su cargo. Este tipo de evaluación ejerce un proceso que juega papel importante en la escuela ya que permite el acompañamiento, lo cual genera a su vez la posibilidad de poder reforzar los procesos que el educador anima en sus educandos.

En nuestro contexto educativo lo más común es hablar de heteroevaluación pues ha primado la presencia evaluadora del educador como el referente con poder para juzgar al estudiante. Esta forma de evaluación entonces se reconoce como "la estrategia tradicionalmente aplicada en el aula para evaluar el denominado rendimiento de los alumnos" (MEN, 1997, p.43), sólo que en la actualidad, cuando se reconocen y valoran los aspectos favorables de la intersubjetividad se ve la necesidad de una mayor participación de los agentes que intervienen en la evaluación como lo son el docente, el alumno y los alumnos. La heteroevaluación cobra relevancia cuando el docente fija claramente los criterios con los que va a evaluar, cuando esto falla, la evaluación empieza a fallar, muchos de los errores que se cometen en la heteroevaluacion surge debido a esto, si las reglas de juego no son claras, el juego no es limpio, o cuando las reglas se van colocando sobre el camino, tampoco es limpio o justo. Por eso al hablar de heteroevaluacion, se le debe hacer énfasis a los docentes que no empiecen a evaluar, hasta que los involucrados en el proceso no sepan que se les va a evaluar. Esta es la clave para una buena heteroevaluación.

Estos elementos que forman parte de una práctica evaluativa se reconocen desde un enfoque por competencia; perspectiva que define las funciones, las intencionalidades y los criterios del sistema de evaluación y de los elementos señalados por Jimeno Sacristán, y que insiste en una evaluación distante de los contenidos, "con su rito de memoria autoritaria, a un enfoque de competencias, definidas como un saber hacer en contexto, en un giro que además ha obligado a unas aproximaciones más creativas sobre el lenguaje, la matemática o la ciencia" (Bogoya, 2000, p. 80) que se mencionaran en este texto.

Competencia[3].

Si una competencia es un saber-actuar, "o realizar a conciencia una tarea compleja dentro de un determinado entorno bien definido en situaciones de rasgos comunes, llevada a cabo con éxito o aceptable eficacia y evaluado satisfactoriamente mediante una matriz de evaluación o rúbrica que se apoya en evidencias de desempeño…" (Torres, 2011, p.30) lo pertinente sería controlar los elementos del sistema de evaluación institucional que la transforman en "una aptitud demostrada para aplicar los conocimientos y habilidades"

---

[3]   "… competir proviene del latín *competeré*, es decir de *petere*, pedir, aspirar, tender a; y *cum* o *com*, que sugiere la idea de compañía, de compartir. Así, *competeré* indica un aspirar, un ir al encuentro de una misma cosas, contender dos o más contrincantes para alcanzarla, significado que corresponde al atribuido usualmente a la palabra, como en la frase, competir en un evento deportivo para batir un récord o con un matiz algo diferente, la competencia favorece al consumidor. De *competeré* deriva también el verbo *competer*, pertenecer, incumbir: este asunto me compete, me incumbe. El término competente se aplica también al que está investido de la autoridad para atender ciertos asuntos: un juez competente… en general, se dice de alguien que se desempeña con eficiencia en un determinado dominio de la actividad humana; en este caso, el significado del término se acerca al que se intenta esclarecer." (Bogoya, Op.Cit., p. 55)

(ICONTEC, 2006, P.10); de tal forma que las competencias desplegadas en las prácticas de evaluación en el aula tengan impacto en todo el escenario educativo institucional.

Esto significa que es necesario aplicar la competencia en educación desde un enfoque por competencias que permite argumentarla no sólo como "...una innovación educacional –sino- como una innovación organizacional, con la implicación que esto conlleva." (Torres, Op. Cit., p.26)

Este significa el deber de planificar, hacer y actuar en y con los procesos de enseñanza[4] y aprendizaje, para lo cual es necesario identificar al ser humano como una persona multidimensional, expresión fundante del ser humano y de las competencias que permiten su valoración.

Reconocer la infinidad de dimensiones que posee el ser humano permite identificar a la persona/sujeto que reclama ser observada y valorada integralmente. Estas dimensiones son:

1ª. **Conocer**, dimensión referida a la cognición.

> "Él término **cognición,** etimológicamente del latín *cognitio,* se entiende aproximadamente como: Conocimiento alcanzado mediante el ejercicio de las facultades mentales; lo cual implica la existencia de un tipo de habilidad a la cual denominamos como la facultad o **capacidad mental,** explicada como función o como estructura, esto a su vez nos lleva a

---

[4] "La enseñanza es "toda práctica social, contingente a unas circunstancias históricas y especiales determinadas, se encuentra penetrada por opciones de valor y, por tanto, hay que identificar su calidad en los valores intrínsecos que se desarrollan en la misma actividad, en la misma configuración que adquiere la propia práctica y no en los fines externos a los cuales sirve." (Sacristán, Op. Cit., p. 104)

observar con más detenimiento él termina **mente,**
tanto como sistema físico y como sistema dinámico,
sistema definido también, como facultad intelectual
y su base estructurada, actuando dentro de los marcos
del **pensamiento, la memoria, la imaginación y la
voluntad.**" (Recuperado el 7 de agosto de 2011 de
http://supervivencia.nu/cgn/cognicion1.pdf)

En ésta dimensión que faculta al ser humano a pensar, imaginar y
decidir, se reconoce, el mapa cognitivo[5],

> "... *can serve as a guideline for the analysis of responses
> and the attribution of specific weight to the failure, in
> accordance with its specific determinants. The cognitive
> map includes seven parameters by which a mental act
> can be analyzed, categorized, and ordered –content,
> modality, phase, operations, level of complexity, level of
> abstraction, and level of efficiency- and enables the use
> of a process-oriented approach.*" (Feuerstein, 1979, pp.
> 122- 123)

con todas sus operaciones mentales[6]

*"A mental act may be analyzed according to the operations that are
required for its accomplishment. An operation may be understoon as a
strategy or a set of rules, in terms of which information derived from
internal and external sources is organized, transformed, manipulated,*

---

[5]   El mapa cognitivo alude a un mapa dentro de la mente... a una
interioridad mental... a partir del cual se engendra la representación
del mundo exterior. (Recuperado el 7 de agosto de 2011 de http://
geobuzon.fcs.ucr.ac.cr/mapacognitivo.PDF)

[6]   La operación mental a partir de Feurestein se concibe como "conjunto
de acciones interiorizadas y coordinadas que permiten elaborar la
información procedente de fuentes externas e internas." (Recuperado
el 7Recuperado el 9 de agosto de 2011 de http://www.profes.net/
rep_documentos/Monograf/PEI_Marcoteor_b.pdf)

and acted upon. In defining the nature of the operation, it is important to identify the prerequisites necessary for its generation and application..." (Ibid., p. 124)

y sus funciones cognoscitivas, las cuales le permiten interpretar o descifrar el conocimiento.

2ª. **Hacer**, que permite demostrar o mostrar el conocimiento adquirido. En el hacer se reconocen las habilidades y destrezas, las comprensiones, actitudes y disposiciones aprendidas en la transmisión del conocimiento. El hacer como dimensión humana entonces es el "despliegue de capacidades cognitivas... que además de ser un saber hacer, es un hacer sabiendo, soportado en múltiples conocimientos que vamos adquiriendo en el transcurso de la vida; es la utilización flexible e inteligente de los conocimientos que poseemos lo que nos hace competentes frente a tareas específicas." (Bogoya, Op. Cit., p. 49)

3ª. **Sentir,** psicoafectivo y socioafectivo, complementario de saber y del hacer. Trata de la dimensión afectiva del ser humano, que va más allá de lo actitudinal/axiológico, en tanto es sensibilidad, estética, forma de reconocer lo bello en el ser humano: lo justo, la verdadero y lo virtuoso.

4ª. **Expresiva**, que le permite a la persona comunicar todo lo que sabe, siente y es. Es la manifestación del carácter, de las emociones y reacciones de la persona/sujeto en interacción con otros que entran en relación. En esta dimensión el lenguaje corporal se transmite en la proxémica[7] de su actitud, de su postura, respecto a otro y al

---

[7]   El término **proxémica** buscado por el antropólogo Edward T. Hall en 1963 para describir las distancias medibles entre las personas mientras estas interaccionan entre sí. El término La "**proxemia** se refiere al empleo y a la percepción que el ser humano hace de su espacio físico, de su intimidad personal; de cómo y con quién lo utiliza." (Recuperado el 10 de agosto de 2011 de http://es.wikipedia.org/wiki/Prox%C3%A9mica)

contexto en el que se expresa, a partir de él, se tejen significados y sentidos de relación que resultan códigos de expresión que se decodifican en una mutua comunicación que desata afectividad entre quienes entran en contacto.

5ª. **Ser**, dimensión fundante de la existencia humana que refiere a una forma de dirigirme al mundo más allá del tener, del poseer, como lo afirmaba Erich Froom:

> "1. Con ser o tener no me refiero a ciertas cualidades o propiedades de un sujeto en afirmaciones como éstas: "Tengo un auto" o "soy blanco" o "soy feliz". Me refiero a dos modos fundamentales de existencia, a dos tipos distintos de orientación ante el yo y ante el mundo, a dos tipos distintos de estructura del carácter cuyo predominio respectivo determina la totalidad del pensamiento, de los sentimientos y de los actos de la persona.
>
> 2. En el modo de existencia de tener, mi relación con el mundo es de posesión y propiedad, deseo convertir en mi propiedad todo el mundo y todas las cosas, incluso a mí mismo.
>
> 3. En el modo de existencia de ser, debemos identificar dos formas de ser. Una se opone a tener, como se ilustra en la afirmación de Du Marais, y significa una relación viva y auténtica con el mundo. La otra forma de ser se opone a la apariencia y se refiere a la verdadera naturaleza, a la verdadera realidad de una persona o cosa que se opone a las apariencias engañosas, como se ilustra en la etimología de ser (Benveniste)." (Fromm, p. 12. Recuperado el 10 de agosto de 2011 de http://www.librosgratisweb.com/pdf/fromm-erich/tener-y-ser.pdf)

Estas cinco dimensiones dan el sentido integral a la persona; una integralidad que valora, armoniza y sistematiza las competencias del ser humano.

Enseñanza

La enseñanza desde un enfoque de evaluación por competencias va más allá de la trasmisión de contenidos, su centro es el desarrollo de procesos de aprendizaje. Así, se entiende por proceso "... el conjunto de fases sucesivas de un fenómeno o técnica conducente a un determinado resultado. Acción que se desarrolla a través de una serie de etapas, operaciones y funciones que guardan relación mutua y tiene un carácter continuo" (Ramo, Op. Cit., p. 141); y por enseñanza "del latín *insignare*: (señalar, significar, dar signo de alguna realidad, mostrar a través de signos), en sentido amplio, desbordando el campo de lo didáctico, el término hace referencia al hecho de exponer o mostrar algo, alude a la guía, orientación a la indicación o señalamiento que alguien hace a otra u a otras personas." (Ibid., p. 71).

Así, la enseñanza encarna un proceso complejo entre contenido y actividad, que requiere del sentido de la planificación entre profesores y estudiantes para hacer del acto de la educación una intencionalidad de aprendizaje. La enseñanza basada en un modelo de evaluación por competencias desde la norma ISO9001 – 2008 exige de una constante sistematización y control sobre lo planificado en el acto de educar, capaz de promover la reflexión para la mejora continua de las prácticas de enseñanza, en donde los profesores deben reconocerse, identificar sus propios modelos, compartirlos y superarlos, de acuerdo al modelo pedagógico que adopte la Institución Educativa.

Aprendizaje

El concepto de aprendizaje: "En general, hace referencia al proceso o modalidad de adquisición de determinados conocimientos, competencias, habilidades, prácticas o aptitudes por medio del estudio o de la experiencia" (Ramo, Op. Cit., 16) o en labios de conductistas, es un cambio relativamente permanente en la conducta del ser humano que se da como consecuencia de la experiencia.

Sin embargo, a pesar de las diversas posturas, se pueden hallar algunos puntos de coincidencia que permiten acercarse a una comprensión, por ejemplo, Sevillano (2005) encuentra los siguientes:

> "Bajo el concepto de aprendizaje se presupone un componente de actividad y de expectativa. Si ésta no se cumple, el aprendizaje no se ha producido. De esta manera podemos decir que aprendizaje va unido a la adquisición de conocimientos y habilidades que se apropian en los procesos de inculturación, socialización, educación. Mediante los procesos de aprendizaje es inducido un esfuerzo en tanto en cuanto conocimientos y habilidades en relación con objetivos dados, son ampliados y mejorados. Los procesos de aprendizaje tienen que evidenciar resultados, es decir, ampliar y mejorar conocimientos y habilidades." (p. 37)

El aprendizaje entonces exige de unos conocimientos y habilidades, esto es, de una evaluación por competencias que potencia el desarrollo del pensamiento desde las capacidades mentales. Esto requiere de una planificación de las competencias y en éstas de las capacidades cognitivas que evidencien la mejora de los conocimientos previos de los estudiantes, superen las teorías del aprendizaje conductitas por las teorías cognitivas. De estas últimas, en este texto, se asumen los procesos de aprendizaje a través del modelo aprendizaje cognitivo basado en:

> "… el aprendizaje por descubrimiento, el aprendizaje por mapas conceptuales, de resolución de problemas y de generalizaciones y transferencias. Estudia a su vez la interacción entre el desarrollo de la persona y el

aprendizaje, y, de forma más analítica, los diferentes
momentos de la evolución del niño, las perspectivas del
desarrollo humano, el constructivismo y los procesos
evolutivos investigados por Piaget, Bruner y Vygostky."
(Ibid., p.38)

Desarrollo Humano

La incorporación de un enfoque de evaluación por competencias
a los procesos de enseñanza - aprendizaje, tiene la visión del
desarrollo humano en la promoción de la educación, al desarrollar
formas de valorar al ser humano, estudiante, más allá del resultado
académico, por "preparar nuevas mentalidades y habilidades,
capaces de resolver los problemas ambientales, abriendo el camino
hacia un futuro sustentable, equitativo y democrático." (Leff, 2003,
p. 1)

Afirmar esto, significa que el modelo de evaluación propuesto
orienta sus prácticas a la formación de una conciencia sobre el
valor de pensar, esto es, de la intención formativa del desarrollo de
competencias y habilidades que propendan por la problematización,
la creatividad y la resolución de problemas críticos por los que
atraviesa la postmodernidad, y muy especialmente por la crisis
medio ambiental del planeta. Al respecto plantea Leff:

"La complejidad ambiental no emana de la evolución
de la materia ni se descubre en el mundo objetivo. La
complejidad emerge como una nueva racionalidad y
un nuevo pensamiento sobre la producción del mundo
a partir del conocimiento, la técnica y la tecnología; es
el espacio donde se articulan la naturaleza, la técnica
y la cultura. La complejidad ambiental es un proceso
de reconstitución de identidades donde se hibrida
lo material y lo simbólico; es el campo en el que se
gestan nuevos actores sociales que se movilizan para la
apropiación de la naturaleza; es una nueva cultura en

la que se construyen nuevas visiones y se despliegan
nuevas estrategias de producción sustentable y
democracia participativa." (Ibid.)

En este sentido, la evaluación por competencias y en ella, la
exigencia de una planificación de la enseñanza y del aprendizaje que
evidencie intencionalidades formativas pertinentes a las necesidades
de los contextos institucionales, de sus profesores y estudiantes, y
de la tierra, responde a la compleja crisis planetaria; una situación
de incertidumbre ecológica, circula por el mundo, requiriendo
personas que colaboren desde su pensamiento a forjar un desarrollo
sustentable que garantice la vida de nuestro cosmos, a estas nuevas
generaciones se les debe ofrecer el desarrollo de sus mentalidades,
sus habilidades y sus capacidades.

CAPÍTULO II

SISTEMATIZACIÓN DE LA EXPERIENCIA DE TRES COLEGIOS LASALLISTAS HACIA UN MODELO DE EVALUACIÓN

En tres instituciones educativas: Politécnico Álvaro González Santana (Sogamoso – Boyacá), Colegio Nacional Dante Alighieri (San Vicente del Caguán – Caquetá) y el Colegio Sagrado Corazón de Jesús (Cúcuta – Norte de Santander) se ha vivido el paso de un modelo de evaluación suscitado por el decreto 230 a la implementación de otro modelo generado, ahora, por el decreto 1290 de 16 de abril de 2009, que ha promovido la necesidad de sistematizar la experiencia del sistema de evaluación en medio de la continua reforma.

La experiencia de estas tres instituciones educativas y su correspondiente sistematización ha generado un modelo de evaluación cuya fuerza curricular se halla en el modelo pedagógico que las acompaña: el aprendizaje significativo mediado. A continuación se presenta la sistematización de la experiencia evaluativa generada de la aplicación de estos decretos reglamentarios desde el modelo pedagógico mencionado que expone un modelo de evaluación.

2. Modelo pedagógico: Aprendizaje Significativo

La experiencia de un enfoque de evaluación basado en competencias que es revisado, mejorado y evaluado por la norma ISO9901 - 2008 de estas tres instituciones educativas lasallistas reconoce que debe estar articulado al modelo pedagógico. Esto significa que la evaluación debe evaluar teniendo en cuenta las relaciones pedagógicas, los procesos de enseñanza – aprendizaje, los contenidos, los materiales, los ritmos de los estudiantes que determina el modelo pedagógico, que las competencias, las habilidades y los desempeños deben identificar, plenamente, estos componentes que hacen a un modelo y que permiten y desplazan formas de evaluar a los estudiantes.

Para el caso de Politécnico Álvaro González Santana (Sogamoso – Boyacá), Colegio Nacional Dante Alighieri (San Vicente del Caguán – Caquetá) y el Colegio Sagrado Corazón de Jesús (Cúcuta – Norte de Santander) el modelo teórico-pedagógico es el lasallista que ha sido nutrido por más de 300 años de innovaciones pedagógicas, esto significa que su construcción obedece al devenir histórico y en éste a nuestro tiempo, que también lo alimenta desde sus experiencias contemporáneas. El Modelo Pedagógico Lasallista es reconocido como tal debido a sus repercusiones históricas, ya que ha sido implementado en más de 10.000 instituciones educativas a lo largo de 350 años de vida del Instituto de los Hermanos de las Escuelas Cristinas en los cinco continentes, lo cual permite afirmar que actualmente sigue siendo pertinente todas sus prácticas y didácticas que lo identifican como tal.

Un modelo pedagógico lasallista que se reactualiza en el presente de las tres instituciones educativas en un proceso de "inculturación del modelo universal que -aportó el Fundador- resignifica su constitución, haciéndolo históricamente evidente, con connotaciones análogas pero a la vez diferentes, debido a las interacciones de contexto a las que se ha vista abocado a enfrentar." (Ibid., p. 76) a través de la asunción de los elementos de la corriente pedagógica de David Aussubel quien en su propuesta de aprendizaje significativo.

Para una mejor comprensión sobre el modelo pedagógico lasallista nutrido por la experiencia de los tres colegios lasallistas desde la postura pedagógica de Aussubel, se asume de alguna manera la mirada metodológica de la genealogía a partir de la propuesta de Díaz para relacionarlos; propuesta que toma en cuenta "los criterios de elegilidad pedagógica de Florez Ochoa (1994, p. 168)" (Ibid.). Se usan algunas afirmaciones de Cristhian Díaz, que sirven como puentes de referencia articuladora, no obstante sus conclusiones remitan a comprender el periodo histórico de 1915 a 1930. Esto porque, las miradas sobre el pasado advierten el examen del presente, puesto que, aún nos constituyen algunos elementos de la tradición

Los elementos que estructuran, un modelo pedagógico, según Ochoa, son: metas, interacción maestro-alumno, método, contenido y procesos de desarrollo humano; a continuación se expresa la articulación de estos componentes con el modelo de Aussubel desde la experiencia de los colegios mencionados.

1) Metas. Sobresale una profunda visión de la evangelización irradiado por la dotación al estudiante de saberes disciplinares aplicados preparándolo para la vida, además de desarrollar las capacidades mentales, esto una perspectiva cognitiva.

El fin del Modelo Pedagógico Lasallista, el cual es de corte religioso, católico busca cristianizar la sociedad, a través de la escuela, quedando demostrado que el elemento espiritual juega un papel preponderante. De aquí el porque la escuela es considerada como un lugar privilegiado de salvación, es decir, para que los niños sean felices.

2) Interacción maestro-alumno. Se da desde roles diferenciados y complementarios. En los tres colegios, la función del maestro es la mediador, en la cual, planifica y comparte elementos de enseñanza y aprendizaje disciplinar para que los estudiantes construyan su propio conocimiento, teniendo en cuenta los conocimientos previos; así, el estudiante, potencias sus capacidades y habilidades mentales interactuando con los saberes, la aplicación de éstos con el contexto cotidiano y la mediación del maestro. En la mediación se asume que el profesor diseña sus prácticas pedagógicas estableciendo relaciones pedagógicas con los estudiantes horizontales, esto es, dialógicas. En estas prima un fuerte discurso axiológico católico que se articula al desarrollo cognitivo de corte significativo. La interacción entre maestro-alumno concebida desde el Modelo Pedagógico Lasallista manifiesta una clara intención de formación a través del ejemplo, donde el maestro se postula ante el alumno como maestro, como apóstol y padre espiritual de sus discípulos; Para los Lasallistas es claro y evidente que el niño como persona es un ser inacabado e imperfecto y que el papel del maestro y de la escuela consiste en su perfección, es decir en su salvación.

3) Método. Sobresale en las tres instituciones educativas, una enseñanza con estrategias significativas que parten del conocimiento previo de los estudiantes, en donde el mediador busca des- equilibrar a través de cuestionamientos o problematizaciones las aprehensiones que de la realidad tienen los estudiantes, forjando en

ellos competencias y habilidades cognitivas, esto es de desarrollo del pensamiento. Esta perspectiva metodológica coloca al profesor/mediador como el diseñador de cultura significativa, es decir, capacitado para articular el conocimiento disciplinar que enseña con los contenidos potencialmente significativos de los estudiantes, tal que se adapten al desarrollo intelectual de los mismos, en donde la actividad y los procesos cognitivos están fuertemente relacionados a los materiales didácticos entre los que sobresalen: el uso de los *mass-media*, la imagen, la narrativa, el texto, los laboratorios, los talleres, entre otras; Díaz ofrece la siguiente explicación:

El método socrático -o interrogativo es el preferido por los Hermanos de Las Escuela Cristiana en su modelo pedagógico ya que permite una mayor interacción directa entre el maestro y el alumno. En el acto educativo, la intervención pedagógica desarrollada por el maestro...Puede apreciarse entonces que el tipo de aprendizaje generado en el estudiante el cual es de naturaleza activa, puesto que el alumno es un sujeto cognoscente que desarrolla sus habilidades mentales que surgen de forma dirigida, motivada y controlada por el maestro.

4) Contenidos. Parten de la Ley General de Educación, en donde el currículo se organiza de acuerdo a las áreas de conocimiento pres-escritas. En ellas sobresalen contenidos disciplinares que en comunión con los métodos y la relaciones pedagógicas están constituidos de visiones del mundo, de la naturaleza, de la sociedad, de la realidad económica y cultural del contexto local, nacional e internacional.

5) Procesos de desarrollo humano. Se da en la potenciación del pensamiento de los estudiantes adoptando las

estructuras y capacidades mentales que el enfoque cognitivo ofrece; se asumen los ritmos de aprendizaje de los estudiantes de tal manera que se transformen los niveles de pensamiento y en esa medida se alcancen niveles de pensamiento abstracto. También existe desarrollo ético y moral en los estudiantes asumiendo la dimensión axiológica, constituida de los valores lasallistas de contenido católico, que buscan potenciar en los estudiantes la conciencia sobre lo humano. El desarrollo humano como proceso concebido al interior del Modelo Pedagógico Lasallista se caracteriza a partir de su referente teleológico por la formación de la persona, desde la perspectiva Cristina, como una persona, capaz de mejorarse a si mismo a través de estrategias de formación del carácter y de constitución de la moralidad, con el fin de controlarse a si mismo.

Estos cinco elementos del modelo pedagógico del Politécnico Álvaro González Santana (Sogamoso – Boyacá), Colegio Nacional Dante Alighieri (San Vicente del Caguan – Caquetá) y el Colegio Sagrado Corazón de Jesús (Cúcuta – Norte de Santander), permiten afirmar con Pozo que al hablar de un aprendizaje significativo, es necesario:

1) Respecto al conocimiento, éste se estructura asumiendo los conocimientos previos de los estudiantes y los saberes disciplinares en contexto. El valor, que el aprendizaje significativo confiere al conocimiento es la relación que el mediador da a la vida y a la ciencia, de tal manera que las disciplinas ofrezcan a los problemas vitales respuestas prácticas, esto es, con sentido para la vida. A esto se le denomina potencialidad significativa del conocimiento.

2) La segunda condición necesaria para el aprendizaje, es la disposición del estudiante. Esto exige que el estudiante favorezca la enseñanza a través de actos de aprendizaje

conscientes y deseantes, en donde la motivación extrínseca dinamice la motivación intrínseca tal que la sensibilidad asume el gusto por los saberes, y los procesos de asimilación y acomodación se den gratificantemente.

3) Una tercera condición son los "puentes cognitivos" o dispositivos que sirven de "vínculos" entre los saberes generados en el proceso de enseñanza y los pre-conceptos del educando. Estos "puentes cognitivos" como su nombre lo plantea, cumplen la labor de ejercitar el pensamiento a través de procedimientos cognitivos que potencian las capacidades mentales, algunos de estos dispositivos son: mapa conceptual, analogías, organizadores previos, etcétera. (Pozo, 1996, p. 143)

A continuación se resaltan estas condiciones:

A manera de conclusión un aprendizaje es significativo cuando puede incorporarse a las estructuras de conocimiento que posee el sujeto, es decir, cuando el nuevo material adquiere significado para el educando a partir de su relación con conocimientos anteriores. Pero para que esto suceda es necesario que el material que se va a aprender posea un significado en sí mismo, es decir, que haya una relación no arbitraria o simplemente asociativa entre sus partes.

Además, de estas condiciones, se hace necesaria la continua retroalimentación de los procesos cognitivos, labor que forma parte de la mediación. A continuación se abordan los elementos pertinentes que construyeron un modelo evaluativo en las tres instituciones lasallistas nombradas.

2.1. Criterios, procesos y procedimientos del sistema de evaluación por competencias.

El sistema de evaluación de estas tres instituciones educativas reconoce como enfoque la evaluación por competencias, que junto al modelo pedagógico, aprendizaje significativo, favorecen el desarrollo de las capacidades cognitivas[8].

Criterios del sistema de evaluación por competencias

En este sentido, el enfoque de evaluación por competencias organiza los procesos de autoevaluación, coevaluación y heteroevaluación del aprendizaje a través de los siguientes criterios cognitivos:

---

[8]   A continuación algunas capacidades cognitivas: identificar, comparar, representar mentalmente, aplicar, transferir, codificar, recoger información, plantearse problemas, completar, clasificar, crear, observar, analizar, sintetizar, pensamiento hipotético, inferir, pensamiento lógico, discriminar, transferir, etcétera. (Martínez, 1995, pp. 10 – 11)

Acciones de competencia	Interpretar	Argumentar	Proponer	Comunicar
Nivel de competencia (Logro)	Analiza	Retiene	Crea	Expresa
Habilidades cognitivas (Indicador de logro)	Identificar Clasificar Jerarquizar Calcular Comprender Reconocer Diferenciar Inferir Razonamiento lógico Razonamiento hipotético Razonamiento silogístico Razonamiento transitivo Razonamiento analógico	Comparar Discutir Focalizar Debatir Inferir Evocar Recordar Codificar	Sintetizar Reunir Deducir Ordenar Diseñar Planear Demostrar Resolver Proyección de relaciones virtuales Transformaciones mentales Pensamiento divergente	Codifica Habla Lee Escucha Escribe Razonamiento silogístico

Tabla No. 1. Acciones, niveles y habilidades de competencia

En el cuadro aparecen los criterios de evaluación organizados desde tres elementos centrales: acciones de competencia, nivel de competencia y habilidades cognitivas. Las acciones de competencia son las manifestaciones de una competencia, para el caso son cuatro acciones, interpretar, argumentar, proponer y comunicar, que se encuentran en cualquier competencia, ya comunicativa, ya matemática, etc.; el nivel de competencia que al decir de Bogoya, señala que los desempeños que se vayan a diseñar, materializan las competencias desde los niveles (2000) y, las habilidades cognitivas que indican el desarrollo cognitivo que se trabaja por cada uno de los niveles de competencia. Estas habilidades cognitivas, en el currículo, son los indicadores de logro, en tanto, "no son más que un desempeño esperable en un determinado momento del proceso de aprendizaje." (Bogoya, 2000, p. 97)

Procesos del sistema de evaluación por competencias

a) Rendimiento o desempeño escolar

"Del latín *reddere* (restituir, pagar) relación entre lo obtenido y el esfuerzo empleado para obtenerlo. Nivel de éxito en la escuela." (MEN, Op. Cit., p. 130), desde la experiencia de las tres instituciones educativas se acoge como "la realización de las competencias" (Bogoya, Op.Cit., 97) esto es, como lo que los estudiantes hacen en el contexto de la institución educativa y fuera de ella. La perspectiva del desempeño entonces reconoce procesos de evaluación que superen la heteroevaluación, con la autoevaluación y la coevaluación, de tal forma que sea el propio educando, quien reconozca junto a sus iguales, el desempeño que ha logrado en la potenciación de su pensamiento y de sus actitudes.

La visión del desempeño concita la atención sobre su construcción a través del establecimiento de relaciones evaluativas horizontales, en donde la motivación intrínseca de los estudiantes se cuide para que éstos establezcan un real y directo acercamiento a su metacognición.

La evaluación del rendimiento por parte de los estudiantes resulta una estrategia fundamental en su formación, cuando, además de lo anterior, los procesos de enseñanza y de aprendizaje se vinculen a la vida, esto es a los conocimientos previos. Premisa fundamental en la implementación del aprendizaje significativo. En este sentido, el reto de la evaluación del rendimiento estudiantil esta en proponer al estudiante la activación de sus competencias en contexto. Esto significa que ellos, evidencian su desarrollo cognitivo, si el mediador, coloca los contenidos en los procesos de la vida real, hace reconocible para el estudiante su aplicación en la cotidianidad, y por ende, la forma como los emplea, dándole sentidos a su proceso de evaluación. Esto hace que tanto el mediador como el mediado, reconozcan en "el entorno natural del aprendizaje" el diálogo entre los saberes adquiridos y la asimilación de éstos en la aplicación coherente a problemas de la vida real. Una profunda articulación entre el conocimiento y la evaluación de los procesos que se ocurren para el ejercicio en la vida.

b) **Logros e indicadores de logro**

El logro se comprende como aquellas aplicaciones que se esperan hagan los estudiantes en el contexto del aula, o fuera de ella. Esto significa que los logros, son la planificación de una serie de acciones que hacen evidente las competencias en contexto, del saber hacer en contexto.

El Indicador de logro es "no es más que un desempeño esperable en un determinado momento del proceso de aprendizaje. Los desempeños, a su vez, no son más que la realización de las competencias..." (Bogoya, 97) en otras palabras el indicador de logro o desempeño es la actuación de *aquello que alguien sabe-hacer.*

Se ha de tener en cuenta que un indicador de logro no es en magnitud lo mismo que el logro, es conveniente que los logros posean más de un indicador de logro para hacer más visible la evidencia del logro. Lo ideal es que si se prevé el alcance de un logro para el año, los indicadores deben ir demostrando en el transcurso del mismo, los alcances que se van evidenciando.

A continuación aparece un esquema que ayuda a entender lo que son logros y los indicadores de logro.

LO QUE ES	LO QUE NO ES
LOGRO — Planificación de una serie de acciones que hacen evidente las competencias en contexto. *(NIVEL MÁXIMO / COMPLEJIDAD)*	Recursos: no son instrumentos de uso.
	Estrategias metodológicas: no son instrumentos de control y vigilancia sobre el cuerpo y la actitud del estudiante.
INDICADOR DE LOGRO — Desempeño. Actuación de *aquello que alguien sabe-hacer.* *(NIVEL MÍNIMO / COMPLEJIDAD)*	Contenido: no son unidades temáticas o sub-temáticas. No pueden ser interpretados como contenidos que se prestan y pagan.

Gráfico No. 1. Logro e indicador de logro

En el gráfico se resaltan los siguientes aspectos:

- Tanto el logro como el indicador no son recursos que su usan y luego pasan de moda. Ellos, no pueden ser convertidos en instrumentos de la razón de consumo; antes bien, son formas intencionales de evaluación cognitiva; en el logro se planifican la exteriorización de las competencias a través de acciones y en el indicador de logro se reconoce la actuación de la exteriorización.

- Tanto el logro como el indicador de logro no deben plantearse en forma de estrategia metodológica que buscan controlar el cuerpo y las actitudes de los estudiantes. No son orientaciones didácticas que brindan formas de enseñar al educador. Son la exteriorización de las intencionalidades evaluativas que recrea el docente en participación con los estudiantes.

- Ni el logro ni el indicador de logro son contenidos, no son unidades temáticas que prestan y se pagan, son dispositivos de valoración cognitivo que actúan como mediadores entre la enseñanza y el aprendizaje.

- El logro y el indicador de logro apuntan al desarrollo de competencias con niveles de complejidad diferenciados. Ellos promueven la conciencia sobre procesos cognitivos que expresan hábitos, habilidades y destrezas.

Procedimientos de la evaluación

a) **Comisiones de evaluación y de promoción**
   El comité y la comisión son dos entes que se pueden intercambiar fácilmente, ya que en ambos se hace mención a un conjunto de personas nombradas para estudiar cuestiones académicas y organizativas. Estas dos figuras, elaboran informes dirigidos a los organismos de la dirección institucional, con el propósito de facilitar la toma de decisiones sobre el desempeño académico de los escolares. Su presencia institucional influye directamente en las estrategias de evaluación, toma en cuenta los casos estudiantiles categorizados como "problema" que manifiestan bajo rendimiento por diferentes factores. La comisión analiza los factores críticos del desempeño escolar de forma colegiada, con docentes, padres de familia que participan en el discernimiento evaluativo.

En estos tres colegios, las comisiones trabajan reflexionando sobre los procesos conocidos e identificados institucionalmente, a través de logros e indicadores de logro hechos por la comunidad de docentes. La valorización disciplinar de la asignatura, pierde su peso, ya que lo que prima es el desempeño del proceso y no del contenido. Las consecuencias de una comisión de evaluación con estos elementos de decisión permiten la eficacia de la valoración de la promoción.

Cuando una comisión se reúne a analizar un caso de un estudiante, puede ver con facilidad el rendimiento de éste tal como se muestra en el gráfico que sigue.

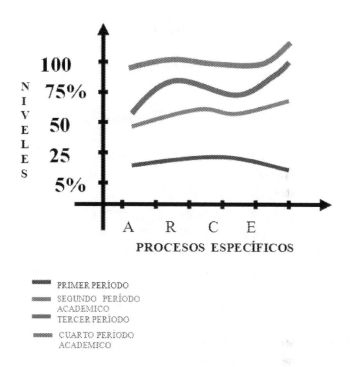

Gráfico No. 2. Rendimiento Académico

En la abscisa "x" se encuentran los procesos de desarrollo humano y en la ordenada "y" los niveles de desarrollo. La curva nos muestra una imagen sobre el desempeño académico del estudiante en un o más áreas, ya que todas trabajan los mismos logros o criterios.

Las comisiones de evaluación identifican dificultades cognitivas para planificar acciones de competencia, niveles de competencia y habilidades cognitivas adecuadas para el refuerzo y alcance de los logros. Los cuáles son dirigidos a los padres de familia y a los estudiantes para establecer compromisos de todos los que participan del servicio educativo. Estos compromisos exigen el acompañamiento de la familia en las acciones que derive el mediador para el fortalecimiento cognitivo del estudiante. Al final del año, lo que la comisión de promoción hace es retomar el último boletín y lo confronta con lo que las diversas comisiones de evaluación han venido reportando a lo largo del año para reconocer los avances o la prevalencia de dificultades y decidir sobre el estado académico de los escolares.

2.2. Modelo de Evaluación por competencias

A partir de los dos elementos centrales de todo currículo como son, el modelo pedagógico y el sistema de evaluación, arriba señalados, se presenta el siguiente modelo de evaluación por competencias que integra procesos de enseñanza – aprendizaje y de desarrollo humano a un modelo pedagógico, que para la experiencia de los tres colegios lasallistas mencionados es el aprendizaje significativo; a través de procesos de evaluación cualitativa de tipo coevaluación, autoevaluación y en poca densidad de heteroevaluación, capaz de fortalecer la metacognición. Este modelo de evaluación por competencias, valora los procesos cognitivos de forma objetiva con énfasis en el diálogo valórico intersubjetivo, cuya prioridad está en la reflexión sobre el sujeto estudiante y las condiciones cognitivas que este tiene y desde las cuales han de partir las comisiones de evaluación y promoción para decidir sobre las acciones de competencia, los niveles de competencia (logros) y las habilidades cognitivas (indicadores de logro) que permitan el desarrollo del pensamiento y por supuesto la superación de las dificultades cognitivas.

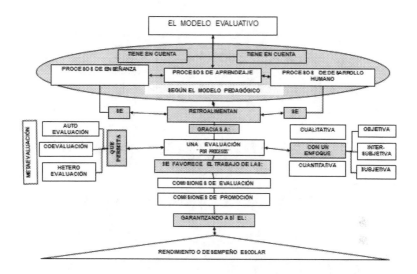

CAPÍTULO III

IMPLEMENTACIÓN DEL MODELO DE EVALUACIÓN POR COMPETENCIAS DESDE LA NORMA ISO9001-2008

La norma ISO 9001- 2008 permite la implementación del modelo de evaluación por competencias ya que ésta: "específica los requisitos para los sistemas de gestión de la calidad aplicables a toda la organización que necesite demostrar su capacidad para proporcionar productos que cumplan los requisitos de sus clientes y los reglamentarios que le sean de aplicación y su objetivo es aumentar la satisfacción del cliente." (ICONTEC, 2006, p. i) A continuación se describen los requisitos que las tres instituciones educativas implementaron para aplicar el modelo de evaluación.

3. IMPLEMENTACION

Se mencionan y explican los elementos que se requieren para implementar un sistema de evaluación por competencias.

Plan de área

El primer elemento que se constituye como pilar fundamental es el PLAN GENERAL DE ESTUDIOS de la institución educativa donde se ha de implementar el modelo pedagógico, está integrado por los Planes de Área y los Proyectos Pedagógicos. (Ver apéndice No. 1-9-19).

Ejes articuladores

Tres ejes articulan el esquema de planeación académica. Dicho esquema es común para todas las áreas y para todos los grados de la básica y la media: 1º. El desarrollo cognitivo (trabajado alrededor de la enseñanza de los contenidos fundamentales de las diferentes asignaturas; de manera opcional puede apoyarse el docente en la enseñanza de instrumentos de conocimiento y/o en la enseñanza de funciones cognitivas) ; 2º. El desarrollo axiológico (trabajado en términos de principios, valores, actitudes y sentimientos) y, 3º. El afianzamiento en habilidades y destrezas alrededor de unas tareas obligatorias (el desarrollo de las competencias) y de tareas opcionales (como el desarrollo de operaciones intelectuales, de operaciones conductuales, de operaciones psicolingüísticas, de operaciones psicomotrices, de operaciones mentales y de metacognición).

Núcleos temáticos

En el eje llamado del desarrollo cognoscitivo, cada área señala con claridad los "núcleos temáticos generales" del área y los "temas específicos" de cada nivel.**Desarrollo de competencias**

La Institución educativa se propone mejorar los resultados de las evaluaciones internas y externas en lo relacionado con el desarrollo de las competencias específicas de cada asignatura. Dado que se encuentra gran coincidencia y complementariedad entre las propuestas por el Gobierno Nacional y el de la Modificabilidad Estructural Cognitiva, de manera optativa los docentes pueden complementar el desarrollo de las competencias con elementos de las dos propuestas referidas. (Ver apéndice No. 32)

Criterios promocionales

La aprobación de las asignaturas dependerá del porcentaje de alcance de indicadores de cada estudiante en particular.

Distribución de tiempos y espacios

Se deben presentar de forma coherente, los esquemas correspondientes con la distribución de los tiempos, intensidad horaria, plan de cada grado y dosificación de los proyectos pedagógicos. Lo más importante para destacar en el Esquema del Plan de Estudios es que, como lo contempla la legislación, algunas áreas fundamentales y obligatorias se desarrollan a través de Proyectos Pedagógicos y no propiamente de asignaturas. (Ver apéndice No. 1-6)

Articulación de las áreas

Con el fin de garantizar la debida articulación de cada área con el contexto nacional, local e institucional y de articularse con las demás áreas al interior de la Institución, al elaborar el Plan de Área, los docentes que la conforman tienen varios insumos que constituyen el punto de partida de todo el trabajo educativo y pedagógico. Dichos textos orientadores son, entre otros: los "Fines y los Objetivos de la Educación", los "Lineamientos Curriculares", los "Estándares Curriculares" (en las áreas para las cuales ya han sido definidos por la autoridad educativa nacional), los "Propósitos Institucionales u Objetivos Generales del Proyecto Educativo Institucional" y el "Perfil del Estudiante".

Referencias textuales

Al redactar cada uno de los propósitos comunes del área se deben hacer las referencias textuales en relación con dichos documentos. Los Planes de Área se denominan comunes o generales en cuanto que abarcan todos los niveles, desde Transición hasta el grado Undécimo.

Plan específico de cada asignatura

Estos Propósitos Comunes de Área constituyen, a su vez, el punto de partida para la planeación más específica de las diferentes asignaturas en cada nivel. La Planeación de Asignaturas también es labor de todo el equipo y no solamente de quien vaya a responsabilizarse de la asignatura durante un año lectivo determinado. Se añaden como documentos de referencia los "Estándares curriculares" (en las áreas donde ya existen). El Plan Anual de Asignatura contiene los siguientes elementos básicos: objetivo general, objetivos específicos, misión del área, visión del área, perfil del estudiante, Estándares del área, proyectos de área y bibliografía. (Ver apéndice No. 10-12).

Planear cada clase y cada actividad

Es bien claro que el docente debe particularizar en detalle cómo va a emplear el tiempo real de las clases durante cada período y debe tener claramente definidos diversos elementos para optimizarlo. La secuencia (o planeador de clase) le ayudará a dosificar los eventos evaluativos que le permitan recoger la información de tipo descriptivo que plasmará en el boletín del estudiante. La planeación detallada de cada clase debe contemplar, obviamente, otros elementos como la metodología a seguir de acuerdo con los objetivos y los temas (didáctica específica) y los recursos didácticos que van a ser empleados. (Ver apéndice No. 16-19)

Criterios de evaluación

Son dos: a) Verificar el alcance de los indicadores. Es muy importante hacer evidente el control del docente sobre los indicadores que trabajó con sus estudiantes en un período determinado: en el informe académico o boletín parcial deberán constar tanto los indicadores alcanzados como aquellos que no lo fueron y que estarían pendientes. Esta información serviría, esencialmente, para orientar actividades de repaso temático o para que un tutor, externo al proceso, pueda enseñar, individualmente, lo que el niño o joven no haya podido aprender en las clases. b) Prestar atención a las posibles causas, limitaciones o dificultades individuales. No basta con constatar cuál o cuáles de los indicadores no fueron alcanzados por un estudiante; en cada caso, el docente deberá explicitar la(s) causa(s) probable(s) de esta situación. Resulta útil y conveniente que tanto el estudiante como el padre de familia sepan cuáles son los factores, que podrían estar afectando negativamente el desempeño escolar del niño o del joven en particular. Esta información servirá esencialmente para que un pedagogo u otro mediador, involucrado directamente en el proceso, ayude al niño o al joven a superar dicha dificultad.

Informes académicos parciales

El proceso desarrollado por cada estudiante y los frutos obtenidos a través del mismo en cada uno de los cuatro (4) periodos académicos en los que se divide el año escolar, se describirán y calificarán en un informe académico parcial. La descripción del proceso y de sus frutos se hará por medio de:

1) indicadores alcanzados (fortalezas),

2) indicadores no alcanzados (debilidades),

3) dificultades detectadas,

4) recomendaciones pedagógicas e

5) inasistencia (si la hubo). Adicionalmente, el docente calificará, integral y conjuntamente, los procesos y sus productos, por medio de la

6) escala valorativa de período.

Escala valorativa de periodo

En cada asignatura y/o área, el juicio valorativo final, global, anual se expresará por medio de los siguientes criterios:

a) Un estudiante merecerá un juicio valorativo final **(S) Superior** cuando haya obtenido ese mismo juicio en cada uno de los cuatro períodos académicos en los que se divide el año escolar. O en su defecto cuando su escala valorativa le haya acumulado entre un 86 - 100%.

b) Un estudiante merecerá un juicio valorativo final **(A) Alto** cuando haya alcanzado la totalidad de los LOGROS y cuando su escala valorativa le haya acumulado entre un 76 - 85.9%.

c) Un estudiante merecerá un juicio valorativo final **(B) Básico** cuando su escala valorativa le haya acumulado entre un 60 - 75.9%.

d) Un estudiante merecerá un juicio valorativo final **(-B) Bajo** cuando su escala valorativa le haya acumulado entre un 1.0 - 59.9 %.

El juicio valorativo parcial asignado por el docente en cada uno de los cuatro periodos en los que se divide el año escolar se considerará *integral y acumulativo*; es decir, para asignar el juicio en cada periodo debe entrar en juego la totalidad de los indicadores evaluados desde el inicio del año escolar hasta la fecha de dicha asignación. En otras palabras, no se trata de promediar los juicios de dos o más periodos; el juicio asignado deberá calificar el proceso del estudiante y sus frutos, desde el primer día escolar del año hasta la fecha de asignar dicho juicio. El producto de este acumulado, sólo se verá reflejado en el quinto boletín o boletín final.

Frente a presuntas inconsistencias en un boletín académico, el acudiente deberá hacer una solicitud escrita, dirigida a la coordinación correspondiente, dentro de los cinco (5) días hábiles siguientes a la fecha oficial de su entrega fijada en el Cronograma institucional.

Si bien, en los informes parciales y sólo en ellos existe la posibilidad de obtener un juicio valorativo aprobatorio a pesar de presentar indicadores no alcanzados; para aprobar un área o una asignatura al finalizar el año escolar es indispensable haber alcanzado la totalidad de los logros previstos en ella para el año lectivo. (Ver apéndice No. 32).

En la actualidad las instituciones requieren obligatoriamente de herramientas informáticas que permitan una eficiente y óptima sistematización del proceso, de modo que la información pueda ser operada a gusto de los usuarios. En Gnosoft, se puede acceder a un demo, el cual permite ver en funcionamiento, el programa con la base de datos y los procesos de su institución. www.gnosoft.com.co o en el link http://academico.gnosoft.com.co/inicio/index.jsp

Actividades de refuerzo y superación

Después de finalizar cada uno de los periodos en los que se divide el año escolar, el docente elaborará guías con actividades de refuerzo y superación (a.r.s.) por medio de los cuales los estudiantes más aventajados puedan ahondar y/o adelantar en los conocimientos, en los valores y en las habilidades propios de la asignatura; o para el caso de los estudiantes que no han alcanzado uno o más de los indicadores evaluados en el período, estas guías (a.r.s.), les permiten, orientar sus procesos de comprensión conceptual y práctica para superar los obstáculos o las limitaciones que les han impedido tener éxito durante el periodo. La evidencia del desarrollo de estas guías por parte del estudiante y la aprobación de las mismas por parte del docente es requisito para que educando pueda ser nuevamente evaluado. Los estudiantes que no hayan alcanzado o no hayan evidenciado indicadores propios de un periodo deberán esforzarse, al máximo, en el periodo inmediatamente siguiente (si lo hay), con el fin de nivelarse.

Comisiones de evaluación y promoción

Los Consejos Académicos y de Padres de Familia constituirán, para cada nivel o grado ofrecido por la Institución, una Comisión de Evaluación y Promoción para desempeñar las funciones que le señala la ley:

1. Estudiar los casos de estudiantes muy aventajados para recomendar su promoción anticipada al grado o a la etapa siguiente.

2. Analizar los casos persistentes de insatisfacción (insuficiencia o deficiencia) en la consecución de los indicadores de logro y velar porque reciban la orientación, pedagógica y psicológica, oportuna y suficiente a la que se refiere el numeral anterior.

3. Ratificar la reprobación o decidir la promoción de los estudiantes, siempre y cuando, al finalizar el año escolar, no se haya alcanzado la meta de promoción exigida por la legislación.

1) **Juicios valorativos finales.** Como ha quedado establecido en el Decreto 1290 del 2009, el criterio institucional que determina la aprobación o la no aprobación de una asignatura son los *logros*

institucionales: la aprueba solamente quien haya alcanzado o evidenciado la totalidad de los logros institucionales previstos.

En cada asignatura y/o área, el *juicio valorativo final, global, anual* se expresará por medio de los siguientes criterios:

1) Un estudiante merecerá un juicio valorativo final **(S) Superior** cuando haya obtenido ese mismo juicio valorativo en cada uno de los cuatro períodos académicos en los que se divide el año escolar. O en su defecto cuando su escala valorativa le haya acumulado entre un 86 - 100%

2) Un estudiante merecerá un juicio valorativo final **(A) Alto** cuando haya alcanzado la totalidad de los logros y cuando su escala valorativa le haya acumulado entre un 76 - 85.9%

3) Un estudiante merecerá un juicio valorativo final **(B) Básico** cuando su escala valorativa le haya acumulado entre un 60 - 75.9%

4) Un estudiante merecerá un juicio valorativo final **(-B) Bajo** cuando su escala valorativa le haya acumulado entre un 1.0 - 59.9 %

2) **Promoción y Reprobación.** Los juicios valorativos finales, una vez reunidos en el informe o boletín final, constituyen la información básica para que la Comisión de Evaluación y Promoción determine qué estudiantes aprobaron todas sus áreas (estudiantes aprobados), qué estudiantes deben ser promovidos por mandato expreso de la legislación vigente (estudiantes promovidos por decreto), y quiénes deberán repetir el grado a causa de la reprobación del mismo.

3) **Recuperaciones.** La legislación vigente prevé la posibilidad de que algunos estudiantes sean promovidos al grado siguiente, aunque presenten juicios valorativos no aprobatorios en una o dos

áreas de estudio. Para estos estudiantes la institución debe organizar recuperaciones: se trata de crear más condiciones de enseñanza y de aprendizaje para que los estudiantes demostren fehacientemente que ya se han superado las dificultades y que, en consecuencia, se ha producido el aprendizaje esperado. Las recuperaciones se califican según lo contemplado en el decreto 230 de 2002 y dicha calificación, aprobatoria o no, se debe consignar en los libros de registro académico de la institución.

Los estudiantes que no presenten u aprueben dichas actividades de recuperación, deberán someterse a una nueva recuperación a fin de legalizar la matrícula dentro de la institución y así estar a "paz y salvo". Dicha legalización implica la firma de un compromiso o cláusula especial de matrícula.

Las actividades de recuperación a las que se refiere el numeral anterior son programadas, revisadas y verificadas por los profesores bajo los criterios establecidos por el Consejo Académico y/o por la Comisión de Evaluación y Promoción.

4) **Reprobación:** En principio, el estudiante que no sea promovido al grado siguiente, debe repetirlo, siempre y cuando no haya perdido el derecho a su cupo. Para poder repetir un grado, el padre de familia debe solicitar expresamente mediante una carta dirigida a la Rectoría del Colegio, el interés de continuar en la institución educativa.

5) **Reprobación en todos los grados.** Un estudiante será reprobado en cualquier grado, por una de las tres causas: 1. Haber obtenido un juicio valorativo Bajo en tres o más áreas o asignaturas. 2. Cuando obtenga un juicio valorativo Bajo por dos años consecutivos en la misma área del conocimiento. 3. Cuando el estudiante haya dejado de asistir durante un periodo de tiempo que supere el 25% del tiempo total laborado en el año.

Certificaciones especiales

La legislación ha previsto la entrega de una certificación legal al finalizar el Pre-escolar, la Básica Primaria, la Básica Secundaria y la Media Académica. Esta entrega se efectúa de manera solemne en los actos de clausura o en la ceremonia de la "Proclamación de Bachilleres". Sólo podrán recibirlas en dichas ceremonias aquellos estudiantes que hayan aprobado todas las asignaturas correspondientes con los grados transición, quinto, noveno y undécimo. Quienes hayan sido promovidos teniendo pendiente la aprobación de una o más áreas, recibirán sus certificaciones legales una vez se haya surtido el trámite de las recuperaciones contempladas en la institución.

Riqueza evaluativa

Para evitar el uso de la evaluación escrita acumulativa (previa o examen) como herramienta pedagógica, única y excluyente, para decidir sobre la aprobación de los indicadores o criterios de logro, el docente debe incrementar su propia capacidad evaluativa diseñando creativamente más y mejores eventos evaluativos.

Proyectos pedagógicos

Estos atienden, por una parte, a los requerimientos de la legislación vigente en materia educativa y, por otra, a las necesidades particulares de la institución. (Ver apéndice No. 13-15). Proyectos pedagógicos de ley son:

1) El proyecto pedagógico de educación para el *ejercicio de la democracia*. Desarrollado por el área de ciencias sociales, responsable de la implementación del gobierno estudiantil.

2) El proyecto pedagógico de *educación sexual* se desarrolla a lo largo del año escolar desde el programa de titulatura desde el perfil del estudiante en la dimensión específica.

3) El proyecto pedagógico para el *aprovechamiento y conservación del ambiente* permite bajo el liderazgo del Departamento de Ciencias Naturales la formación ecológica.

4) El proyecto pedagógico para la enseñanza de la *tecnología y para la enseñanza del emprendimiento.* Dirigido a la formación o alfabetización de los docentes por parte de los alumnos de último grado de las especialidades de sistemas.

5) El proyecto pedagógico para el *uso del tiempo libre,* ofrece, a los estudiantes diversos servicios extra-jornada tales como los Grupos de Pastoral, las Escuelas Artísticas y Deportivas y los Clubes.

6) El proyecto de Servicio Social (CATEDRA JUVENIL) la institución propende por la formación de líderes y valores juveniles, especialmente de los jóvenes de undécimo grado que orientan este proyecto.

- **Proyectos particulares.** Además de los proyectos pedagógicos anteriormente reseñados, la institución educativa lleva a cabo una serie de proyectos que vienen liderando los diferentes departamentos o áreas.

A continuación se presenta a través de apéndices la aplicación del modelo de evaluación por competencias asumiendo el enfoque de las Normas ISO9001-2008 a través de una serie lógica de matrices de procesos que garantizan la implementación en toda institución educativa.

APÉNDICES

APÉNDICE No 1: FORMATO PARA EL PLAN DE ÁREA.

PROCESO GESTIÓN EDUCATIVA
COORDINACIÓN ACADÉMICA
PLAN DE ÁREA DE:_

INTEGRANTES:

1. OBJETIVOS :

GENERAL :

ESPECÍFICOS:

2. MISIÓN DEL ÁREA:

3. VISIÓN DEL ÁREA:

4. PERFIL DEL ESTUDIANTE

5. ESTÁNDARES DEL ÁREA

6. PROYECTOS DEL ÁREA

7. BIBLIOGRAFÍA UTILIZADA EN EL ÁREA:

8. OBSERVACIONES:

FECHA DE ELABORACIÓN:

JEFE DE DEPARTAMENTO

FECHA DE REVISIÓN:

ASESOR ACADÉMICO

APÉNDICE No. 2: INSTRUCTIVO PARA LA ELABORACION DEL PLAN DE ÁREA. Permite a las personas diligenciar o gestionar el plan de área.

OBJETO:

Establecer los lineamientos generales o reglas básicas que se deben seguir para la elaboración del plan de área.

ALCANCE:

Este instructivo debe aplicarse para la planeación a partir del primer período del año, en todas y cada una de las áreas que el colegio ofrece en los diversos niveles educativos.

DEFINICIONES:

Para los fines particulares del presente instructivo se deben considerar las siguientes definiciones:

OBJETIVO GENERAL: Lo constituye el enunciado global sobre el resultado final que se pretende alcanzar (¿qué?, ¿dónde?, ¿para qué?). Precisa la finalidad del área, en cuanto a sus expectativas más amplias. Orienta la investigación. Son aquellos que expresan un logro sumamente amplio y son formulados como propósito general de estudio. Su redacción guarda mucha similitud con la visión y misión del área.

OBJETIVOS ESPECIFICOS: Representa los pasos que se han de realizar para alcanzar el objetivo general. Facilitan el cumplimiento del objetivo general, mediante la determinación de etapas o la precisión y cumplimiento de los aspectos necesarios de este proceso. Señalan propósitos o requerimientos en orden a la naturaleza del área. Se derivan del general y, como su palabra lo dice, inciden directamente en los logros a obtener. Deben ser formulados en términos operativos, incluyen las variables o indicadores que se desean medir.

MISION DEL AREA: Es la imagen actual que enfoca los esfuerzos que realiza el área para conseguir los propósitos fundamentales, indica de manera concreta donde radica el éxito de cada área. Puede construirse tomando en cuenta las preguntas:

- ¿Quiénes somos?= identidad.

- ¿Qué buscamos?= propósitos.

- ¿Por qué lo hacemos?= valores, principios, motivaciones.

- ¿Para quienes trabajamos?= clientes.

VISION DEL AREA: Es realizar el proceso de formular el futuro. Visualizar el futuro implica un permanente examen del área frente a sus educandos, su competencia y por sobre todo discernir lo que ella es hoy y aquello que desea ser en el futuro, todo esto frente a sus capacidades y oportunidades. Los aspectos a revisar son:

- Lo que el área aspira ser y no lo que tiene que hacer.

- ¿Qué tipo de área queremos ser?

- ¿Cómo conseguirlo?

PERFIL DEL ESTUDIANTE: La persona que queremos formar en el área. El perfil del estudiante en el área debe estar articulado con el perfil del estudiante.

ESTANDARES: Son criterios claros y públicos que permiten juzgar si un estudiante, una institución o el sistema educativo en su conjunto cumplen con unas expectativas comunes de calidad.

PROYECTOS DEL AREA: Corresponden a un plan de ideas y de actividades organizadas para resolver una situación problematizada. Los proyectos deben tener en cuenta los intereses y las necesidades de quienes en él están involucrados: Estudiantes, profesores, padres de familia y comunidad.

RESPONSABILIDAD: Es responsabilidad de cada uno de los docentes que conforman el área participar activamente en la elaboración del plan de área.

CONDICIONES GENERALES

1. Antes de elaborar el plan de área en el formato electrónico, es necesario leer y seguir las instrucciones aquí señaladas. Se trata de un FORMATO ELECTRONICO AUTOAJUSTABLE que debe ser utilizado y conservado desde la aplicación WORD. Para su correcto diligenciamiento siempre utilice papel tamaño carta, márgenes 3cm superior e izquierdo y 2.5 cm derecho e inferior, fuente Arial y a tamaño 8. Las características anteriores corresponden al formulario diseñado por la Institución.

2. Para trabajar el formato comience por hacer una copia electrónica del mismo. Antes de avanzar guarde el nuevo archivo con otro nombre. Para ello escriba primero el nombre del área al cual pertenece la planeación, luego escriba el año al cual corresponde. Por ejemplo: **matematicasplandearea.2011.**

3. Pase ahora a diligenciar el espacio reservado a los objetivos; para su formulación tenga en cuenta los lineamientos curriculares propios del área y los demás referentes teóricos.

4. Formule la misión, visión y perfil del estudiante.

5. Relacione los estándares por grupos de grados para aquellas áreas en las cuales el gobierno nacional ha formulado.

6. Relacione los proyectos propios del área que va desarrollar en el año lectivo correspondiente.

7. Relacione la bibliografía correspondiente.

8. En el espacio observaciones relacione los cambios que ha venido teniendo a través del tiempo el documento, ya sea por ajustes o adiciones al mismo y la fecha en la que se han realizado.

DESCRIPCION DEL DOCUMENTO

Para la elaboración de este documento se debe tener en cuenta el formato electrónico suministrado por la Coordinación académica.

Copia electrónica del Plan de Área debe permanecer en el archivo del área: Carpeta PLANEACION ACADEMICA AÑO junto con una copia en papel. Copia de este Plan debe ser enviada por el Jefe de Área a Coordinación Académica a través de la Mensajería de Gnosoft.

ANEXOS

Formato para el diligenciamiento del Plan General de Área.

GESTION DOCUMENTAL

Copia en papel del presente instructivo y copia electrónica en archivo PDF debe permanecer en el archivo físico del Delegado de la alta Dirección para el sistema de Gestión de Calidad, Carpeta: Gestión educativa.

Copia electrónica del presente documento se debe conservar en la Coordinación Académica.

HISTORIAL O CONTROL DE CAMBIOS A ESTE DOCUMENTO

VERSION	FECHA DE APROBACION	DESCRIPCION DEL CAMBIO REALIZADO
A	18-02-2008	Versión inicial

Elaboró: Firma:	Revisó Firma:	Aprobó Firma:
Nombre:	Nombre:	Nombre:
Cargo:	Cargo:	Cargo:
Fecha:	Fecha:	Fecha:

APÉNDICE No. 3: FORMATO PARA EL CONTROL Y SEGUIMIENTO A LA PLANEACION DEL ÁREA. Este formato sirve para controlar y hacer un seguimiento detallado de la planeación del área. Ya que lo que no se controla no arroja los resultados esperados.

INSTITUCIÓN EDUCATIVA

CONTROL Y SEGUIMIENTO A LA PLANEACIÓN DEL AREA

Código:	
Versión:	
Fecha:	
Página: 1/1	

AREA:

PERIODO:

JEFE DEPARTAMENTO:

FECHA:

No.	DOCENTE	AREA/ASIG.	GRADO	No. CURSOS	IHS	T.P.	T.E	T.E. %	% DE EJECUCION CONTENIDOS	APROBACION %	REPROBACION %	OBSERVACIONES
1						0		#DIV/0!				
2						0		#DIV/0!				
3						0		#DIV/0!				
4						0		#DIV/0!				
5						0		#DIV/0!				
6						0		#DIV/0!				
7						0		#DIV/0!				
8						0		#DIV/0!				
9						0		#DIV/0!				

10					0	#DIV/0!			
11					0	#DIV/0!			
12					0	#DIV/0!			
13					0	#DIV/0!			
14					0	#DIV/0!			
15					0	#DIV/0!			
16					0	#DIV/0!			
17					0	#DIV/0!			
18					0	#DIV/0!			

JEFE DE DEPARTAMENTO: RECIBE:

APÉNDICE No. 4: INSTRUCTIVO PARA EL CONTROL Y SEGUIMIENTO A LA PLANEACION DEL ÁREA. Permite a las personas diligenciar o gestionar el formato de control y seguimiento de la planeación de área.

OBJETO:

Establecer los lineamientos generales o reglas básicas que se deben seguir para el control y seguimiento a la planeación del área.

ALCANCE:

Este instructivo debe aplicarse para la ejecución de la planeación a partir del primer período del 2009, en todos y cada uno de los Departamentos institucionalizados en el Colegio sagrado Corazón de Jesús de Cúcuta.

DEFINICIONES:

Para los fines particulares del presente instructivo se deben considerar las siguientes definiciones:

Departamento o Área: Equipo de docentes que se conforma teniendo como elemento común el desarrollo de un área o disciplina educativa específica.

Plan de área: Es la programación del área y contiene los elementos generales o comunes de la planeación de área: Propósito de área, misión y visión del área, perfil del estudiante, estándares del área, competencias, logos e indicadores de logro, metodología, contenidos y proyectos.

Plan de periodo: Indicadores de logro, las enseñanzas específicas, los saberes previos, recursos, actividades, eventos evaluativos, la intensidad horaria.

Proyecto pedagógico: Documento que correlaciona e integra los conocimientos, habilidades, destrezas, actitudes y valores de una o diversas áreas.

Período: Espacio de tiempo escolar en el cual se lleva a cabo una serie de acciones pedagógicas, que permiten el desarrollo y avance de los aprendizajes de los estudiantes y el logro de los desempeños y competencias.(intervalo de tiempo de 10 semanas lectivas.)

RESPONSABILIDAD:

Es responsabilidad de cada uno de los Jefes de Departamento junto con los Profesores de su área el realizar una vez finalice el período respectivo realizar el control y el seguimiento a la ejecución de la planeación.

CONDICIONES GENERALES

1. Antes de iniciar el diligenciamiento del formato, tenga en cuenta las instrucciones aquí señaladas. Se trata de un formato electrónico que debe ser utilizado y conservado desde la aplicación de Excel. Para su correcto diligenciamiento se encuentra prediseñado en arial 10 para el encabezado de identificación: Departamento, período y fecha y en Arial 8 para los datos solicitados por el formato.

2. En la columna docente relacione los nombres y apellidos de los docentes que conforman el Departamento.

3. Al frente de cada docente escriba el área o asignatura(s) que tiene a cargo como asignación académica.

4. Para cada área y/o Asignatura escriba el grado en que se desempeña y el No. de cursos a cargo. Ejemplo: Grado octavo. No. de cursos 6.

5. IHS: Escriba el No. de horas semanales establecidas en el plan de estudios. Ejemplo: Biología 3 horas.

6. En la columna T.P. o tiempo probable no lo diligencie ya que con los datos anteriores se calcula automáticamente.

7. En la columna T.E.(tiempo ejecutado), escriba el No. total de horas de clase dictadas, dato que se toma del formato respectivo.

8. La columna T.E.% (Porcentaje de tiempo empleado con relación al tiemplo planeado) no lo diligencie ya que con los datos anteriores se calcula automáticamente.

9. En la columna % de ejecución de contenidos calcule para cada área y /o asignatura su porcentaje de ejecución.

10. En las columnas % de aprobación y /o reprobación escriba el % de estudiantes aprobados o reprobados en el período respectivo.

Si tiene alguna observación regístrela en la columna observaciones.

ANEXO

Formato para el registro de actividades académicas.

DESCRIPCION DEL DOCUMENTO

Para la elaboración de este documento se debe tener en cuenta el formato entregado por la coordinación Académica.

GESTION DOCUMENTAL

Copia en papel del presente instructivo y copia electrónica en archivo PDF debe permanecer en el archivo físico del Delegado de la alta Dirección para el sistema de Gestión de Calidad, Carpeta: Gestión educativa.

Copia electrónica del presente documento se debe conservar en la Coordinación Académica.

HISTORIAL O CONTROL DE CAMBIOS A ESTE DOCUMENTO

VERSION	FECHA DE APROBACION	DESCRIPCION DEL CAMBIO REALIZADO
A	26-03-2009	Versión inicial

Elaboró: Firma:	Revisó Firma:	Aprobó Firma:
Nombre:	Nombre:	Nombre:
Cargo:	Cargo:	Cargo:
Fecha:	Fecha:	Fecha:

APÉNDICE No. 5: FORMATO PARA LA ELABORACION DE LA MATRIZ DEL PLAN DE ÁREA. Este formato sirve para esquematizar los contenidos de los apéndices 1-15 de la planeación Institucional.

AREA	OBJETIVOS	EJES TRANSVERSALES	ESTANDARES	COMPETENCIAS	LOGROS	INDICADORES DE LOGRO	METODOLOGIA	CONTENIDOS	PROYECTOS
				INTERPRETATIVA					
				ARGUMENTATIVA					
				PROPOSITIVA					
				COMUNICATIVA					

APÉNDICE No. 6: INSTRUCTIVO PARA LA ELABORACION DE LA MATRIZ DEL PLAN DE ÁREA. Permite a las personas diligenciar o gestionar el formato para la elaboración de la matriz del plan de área, que es una síntesis de los apéndices 1-15.

OBJETO:

Establecer los lineamientos generales o reglas básicas que se deben seguir para la elaboración de la matriz del plan de área.

ALCANCE:

Este instructivo debe aplicarse para la planeación a partir del primer período del año, en todas y cada una de las áreas que el colegio ofrece en los diversos niveles educativos.

DEFINICIONES:

Para los fines particulares del presente instructivo se deben considerar las siguientes definiciones:

OBJETIVO: Es un estado deseable de cosas futuras, no actual y que debe orientar nuestras acciones presentes hasta su realización. Son declaraciones de intención cuyo enunciado permite inferir lo que se desea obtener.

EJE TRANSVERSAL: Son instrumentos globalizantes de carácter interdisciplinario que recorren la totalidad de un currículo y en particular la totalidad de las áreas del conocimiento, las disciplinas y los temas con la finalidad de crear condiciones favorables para proporcionar a los educandos una mayor formación en aspectos sociales, ambientales o de salud. Los ejes transversales tienen un carácter globalizante porque atraviesan vinculan y conectan muchas disciplinas del currículo. Lo cual significa que se convierten en instrumentos que recorren asignaturas y temas que cumplen el objetivo de tener visión de conjunto.

ESTANDARES: Son criterios claros y públicos que permiten juzgar si un estudiante, una institución o el sistema educativo en su conjunto cumplen con unas expectativas comunes de calidad.

- **COMPETENCIAS:** Destreza, habilidad, capacidad para efectuar correctamente una determinada tarea con base en conocimientos previamente adquiridos."Saber hacer en contexto". se proponen cuatro competencias básicas a nivel nacional:

- **INTERPRETATIVAS:** Comprensión dela información en cualquier sistema de símbolos o formas de representación. Abarca las acciones que se encaminan a la búsqueda del sentido de un texto, proposición, problema, gráfica, mapa, esquema, entre otras situaciones, donde se le proporciona un contexto al estudiante.

- **ARGUMENTATIVAS:** Explicación y justificación de enunciados y acciones. Comprende las acciones que buscan dar razón o explicación de una afirmación, una demostración, comprobación de hechos, presentación de ejemplos y contraejemplos, articula conceptos o sustenta conclusiones.

- **PROPOSITIVA:** Producción y creación. Comprende acciones que llevan a plantear y resolver problemas, formular proyectos, generar hipótesis, descubrir regularidades, hacer generalizaciones, construir modelos.

COMUNICATIVA: Asume el componente fonético, sintáctico y semántico de la lengua.

LOGRO: Son descripciones que hacen referencia al estado de desarrollo de un proceso en un momento determinado.

Los logros comprenden los conocimientos, las habilidades, los comportamientos, las actitudes y demás capacidades que deben alcanzar los estudiantes de un grado, y/o nivel en un área determinada en su proceso de formación, los cuales se encuentran articulados a una competencia especifica.

INDICADOR DE LOGRO: Son indicios, señales, rasgos o conjuntos de rasgos, datos e informaciones perceptibles que al ser confrontados con lo esperado, pueden considerarse como evidencias significativas de la evolución del desarrollo humano. Los indicadores son medios para constatar hasta donde se alcanzó el logro propuesto o esperado.

METODOLOGIA: Es el sistema de relaciones, colaboraciones y prácticas, en el aula de clase, seleccionado para la puesta en marcha del área y/o asignatura; la metodología se relaciona con las estrategias de aprendizaje propias del área.

CONTENIDOS: Grandes temas o núcleos temáticos, instrumento de conocimiento, instrumento axiológico, operación mental, operación intelectual, función cognitiva, proyecto o nuevo conocimiento particular que el docente de la asignatura debe enseñar.

PROYECTOS: Diseño y desarrollo de un conjunto de procesos, recursos y resultados con el fin de resolver creativa y participativamente problemas y necesidades especificas.

RESPONSABILIDAD:

Es responsabilidad de cada uno de los docentes que conforman el área participar activamente en la elaboración del plan de área.

CONDICIONES GENERALES

1. Antes de elaborar el plan de área en el formato electrónico, es necesario leer y seguir las instrucciones aquí señaladas.

Se trata de un FORMATO ELECTRONICO
AUTOAJUSTABLE que debe ser utilizado y
conservado desde la aplicación WORD. Para su correcto
diligenciamiento siempre utilice papel tamaño carta,
márgenes 3cm superior e izquierdo y 2.5 cm derecho
e inferior, fuente Arial y a tamaño 8.Las características
anteriores corresponden al formulario diseñado por la
Institución.

2. Para trabajar el formato GE- 002comience por hacer una
copia electrónica del mismo. Antes de avanzar guarde el
nuevo archivo con otro nombre. Para ello escriba primero
el nombre del área al cual pertenece la planeación,
luego escriba el año al cual corresponde. Por ejemplo:
matematicas2011.

3. Guardado con un nuevo nombre el esquema original
diligencie primero la columna del área respectiva.

4. Pase ahora a diligenciar la columna de objetivos; para su
formulación tenga en cuenta los lineamientos curriculares
propios del área y los demás referentes teóricos.

5. Determine los ejes transversales que en su área van a
desarrollar con sus estudiantes en el presente año.

6. En la columna Estándares relaciónelos por grupos de
grados para aquellas áreas que se han planteado a nivel
nacional.

7. Teniendo en cuenta las directrices básicas impartidas por
el Rectoría del Colegio de acuerdo al modelo pedagógico
y al modelo evaluativo se redactaran cuatro logros teniendo
en cuenta la cuatro competencias: Interpretativa (analiza),
argumentativa (retiene), propositiva (crea), comunicativa
(expresa).

8. Para cada logro redacte 4 indicadores de logro teniendo como base las funciones cognitivas y/o operaciones mentales (ver mapa cognitivo). No olvidar que los indicadores diseñados es necesario escribirlos en términos de lo que el docente verificará en el estudiante en el momento de la evaluación.

9. En la columna metodología tenga en cuenta la propuesta propia del área que se encuentra en los lineamientos curriculares, la metodología se relaciona con las estrategias de aprendizaje características del área.

10. Diligencie después la columna Contenidos; para ello identifique la(s) enseñanza(s) pertinente(s) clasificados en grandes temas, núcleos temáticos y/o unidades didácticas.

Finalmente relacione los proyectos propios del área a desarrollar en el año lectivo.

ANEXOS

Formato para el diligenciamiento de la matriz del plan de área.

DESCRIPCION DEL DOCUMENTO

Para la elaboración de este documento se debe tener en cuenta el formato electrónico suministrado por la Coordinación académica.

Copia electrónica de la Matriz del Plan de Área debe permanecer en el archivo del área: Carpeta PLANEACION ACADEMICA AÑO 2011 junto con una copia en papel. Copia de la Matriz del plan de Área debe ser enviada por el Jefe de Área a Coordinación Académica.

GESTION DOCUMENTAL

Copia en papel del presente instructivo y copia electrónica en archivo PDF debe permanecer en el archivo físico del Delegado de la alta Dirección para el sistema de Gestión de Calidad, Carpeta: Gestión educativa.

Copia electrónica del presente documento se debe conservar en la Coordinación Académica.

HISTORIAL O CONTROL DE CAMBIOS A ESTE DOCUMENTO

VERSION	FECHA DE APROBACION	DESCRIPCION DEL CAMBIO REALIZADO
A	18-02-2008	Versión inicial

Elaboró:	Revisó	Aprobó
Firma:	Firma:	Firma:
Nombre:	Nombre:	Nombre:
Cargo:	Cargo:	Cargo:
Fecha:	Fecha:	Fecha:

APÉNDICE No. 7: FORMATO PARA EL DISEÑO DE LOGROS E INDICADORES DE LOGRO. Este formato permite con base en el cuadro del apéndice No. 32, que el docente apropie los logros e indicadores de logros programados en el área específica.

ÁREA: ASIGNATURA: GRADO…

Autor(a): Fecha de elaboración (DD/MM/AAAA):

LOGRO 1:	
1.1	
1.2	
1.3	
1.4	
LOGRO 2:	
2.1	
2.2	
2.3	
2.4	
LOGRO 3:	
3.1	
3.2	
3.3	
3.4	
LOGRO 4:	
4.1	
4.2	
4.3	
4.4	

APÉNDICE No. 8: INSTRUCTIVO PARA EL DISEÑO DE LOGROS E INDICADORES DE LOGRO POR GRADO.

Permite a las personas diligenciar o gestionar el formato de diseño de Logros e Indicadores de Logro de la Institución.

OBJETO:

Establecer los criterios generales para el diseño de los logros e indicadores de logro en cada área y/o asignatura y en cada grado.

ALCANCE:

Este instructivo debe aplicarse para la planeación a partir del primer período del 2011, en todas y cada una de las asignaturas que el colegio ofrece en los diversos niveles educativos.

DEFINICIONES:

Para los fines particulares del presente instructivo se deben considerar las siguientes definiciones:

LOGRO: Son descripciones que hacen referencia al estado de desarrollo de un proceso en un momento determinado. Los logros comprenden los conocimientos, las habilidades, los comportamientos, las actitudes y demás capacidades que deben alcanzar los estudiantes de un grado, y/o nivel en un área determinada en su proceso de formación, los cuales se encuentran articulados a una competencia especifica.

INDICADOR DE LOGRO: Son indicios, señales, rasgos o conjuntos de rasgos, datos e informaciones perceptibles que al ser confrontados con lo esperado, pueden considerarse como evidencias significativas de la evolución del desarrollo humano. Los indicadores son medios para constatar hasta donde se alcanzó el logro propuesto o esperado.

RESPONSABILIDAD:

Es responsabilidad de cada uno de los docentes el diseño y elaboración de los logros e indicadores de logro en cada área y/o asignatura. Los docentes que comparten simultáneamente asignatura y grado pueden elaborar un solo documento, pero luego cada uno hace el registro por aparte de sus notas u observaciones respecto del desarrollo y su aplicación.

CONDICIONES GENERALES

1. Antes de elaborar el formato electrónico, es necesario leer y seguir las instrucciones aquí señaladas. Se trata de un FORMATO ELECTRONICO AUTOAJUSTABLE que debe ser utilizado y conservado desde la aplicación WORD. Para su correcto diligenciamiento siempre utilice papel tamaño carta, márgenes 3cm superior e izquierdo y 2.5 cm derecho e inferior, fuente Arial y a tamaño 8. Las características anteriores corresponden al formulario diseñado por la Institución.

2. Guarde siempre el original electrónico de este formato original, en blanco.

3. Para trabajar una de sus planeaciones comience por hacer una copia electrónica del formato. Antes de avanzar guarde el nuevo archivo con otro nombre. Para ello escriba primero la palabra logros, luego escriba el nombre corto de la asignatura específica y finalmente especifique el grado al que pertenece la planeación. Por ejemplo: **logros matemáticas.1**

4. Guardado con un nuevo nombre el esquema original comience a diligenciarlo: Después del signo de puntuación denominado "dos puntos y seguido" que acompaña a las

expresiones Área, Asignatura, Curso, Autor(a), Fecha de elaboración.

5. Redacte un logro por cada competencia específica: Interpretativa, argumentativa, propositiva y comunicativa. No olvide tener en cuenta que al escribir los logros y los indicadores de logro debe hacerlo en infinitivo. Ejemplo: Analizar, Expresar, crear, retener.

6. Por cada logro diseñe cuatro indicadores de logro teniendo en cuenta el mapa cognitivo..Es necesario escribirlos en infinitivo.

Ejemplo:

✓ Resolver problemas en situaciones aditivas de composición y de transformación.

✓ Identificar la intención comunicativa de cada uno de los textos leídos.

DESCRIPCION DEL DOCUMENTO

Para la elaboración de este documento se debe tener en cuenta el formato electrónico suministrado por la Coordinación académica.

Copia electrónica de este formato ya diligenciado debe permanecer en el archivo del área: Carpeta PLANEACION ACADEMICA AÑO 2011 junto con una copia en papel. Copia de este documento debe ser enviada por el Jefe de Área a Coordinación Académica.

ANEXOS

Formato para el diseño de logros e indicadores de logro por grado

Apéndice del Mapa Cognitivo

GESTION DOCUMENTAL

Copia en papel del presente instructivo y copia electrónica en archivo PDF debe permanecer en el archivo físico del Delegado de la alta Dirección para el sistema de Gestión de Calidad, Carpeta: Gestión educativa.

Copia electrónica del presente documento se debe conservar en la Coordinación Académica.

HISTORIAL O CONTROL DE CAMBIOS A ESTE DOCUMENTO

VERSION	FECHA DE APROBACION	DESCRIPCION DEL CAMBIO REALIZADO
A	18-02-2008	Versión inicial

Elaboró:	Revisó	Aprobó
Firma:	Firma:	Firma:
Nombre:	Nombre:	Nombre:
Cargo:	Cargo:	Cargo:
Fecha:	Fecha:	Fecha:

APÉNDICE No. 9: FORMATO PARA EL DISEÑO DE LOS CONTENIDOS PROGRAMÁTICOS. Este formato permite con base en el plan de área, ubicar los contenidos programáticos propios del plan de área.

AREA: _____

_____

ASIGNATURA: _____
_____GRADO: _____

No. del tema (Números cardinales)	Periodo académico (Números romanos)	DESCRIPCIÓN DEL TEMA Y/O DETALLE DE TEMAS Y SUBTEMAS.	¿Existe Estándar específico?	
			Sí	No

ELABORADO POR: _____

_____ FECHA: _____

APÉNDICE No. 10: INSTRUCTIVO PARA LA ORGANIZACIÓN DE LOS CONTENIDOS PROGRAMATICOS. Permite a las personas diligenciar o gestionar el formato donde se consignan los contenidos programáticos de las diferentes áreas o asignaturas del plan de estudio.

OBJETO:

Establecer los lineamientos para sintetizar y organizar contenidos programáticos en cada uno de los niveles y grados que el colegio ofrece.

ALCANCE:

Este instructivo debe aplicarse para la planeación a partir del primer período del año, en todas y cada una de las asignaturas que el colegio ofrece en los diversos niveles educativos.

RESPONSABILIDAD:

Es responsabilidad de cada uno de los docentes que conforman cada área, sintetizar y organizar los contenidos programáticos en temas y subtemas para cada uno de los periodos estableciendo si existe o no estándar especifico.

CONDICIONES GENERALES

1. Teniendo en cuenta el calendario escolar para el presente año lectivo sintetice y organice los contenidos programáticos, desglosándolos por temas y subtemas y distribúyalos en cada uno de los cuatro periodos académicos.

2. Al frente de cada tema o subtema registre si existe o no estándar especifico.

3. Para guardar el archivo escriba primero la palabra contenido seguido del nombre del área. Finalmente especifique el grado al que pertenece. Por ejemplo: **contenidossociales4**

DESCRIPCION DEL DOCUMENTO

1. Para la elaboración de este documento se debe tener en cuenta el formato electrónico suministrado por la Institución. Para su correcto diligenciamiento siempre utilice papel tamaño carta, márgenes 3cm superior e izquierdo y 2.5 cm derecho e inferior, fuente Arial y a tamaño 8. Las características anteriores corresponden al formulario diseñado por la Institución.

Copia electrónica de este formato ya diligenciado debe permanecer en el archivo del área: Carpeta PLANEACION ACADEMICA AÑO 2011 junto con una copia en papel. Copia de este formato ya diligenciado se debe enviar a la Coordinación Académica.

GESTION DOCUMENTAL

Copia en papel del presente instructivo y copia electrónica en archivo PDF debe permanecer en el archivo físico del Delegado de la alta Dirección para el sistema de Gestión de Calidad, Carpeta: Gestión educativa.

Copia electrónica del presente documento se debe hacer llegar a cada uno de los Coordinadores, jefes de área y docentes de la Institución.

ANEXO

Formato para la síntesis y organizar los contenidos programáticos.

HISTORIAL O CONTROL DE CAMBIOS A ESTE DOCUMENTO

VERSION	FECHA DE APROBACION	DESCRIPCION DEL CAMBIO REALIZADO
A	18-02-2008	Versión inicial

Elaboró: Firma:	Revisó Firma:	Aprobó Firma:
Nombre:	Nombre:	Nombre:
Cargo:	Cargo:	Cargo:
Fecha:	Fecha:	Fecha:

APÉNDICE No. 11: FORMATO PARA LA ELABORACION DEL PLAN DE PERÍODO. Este formato permite extraer del plan de área general, lo específico del periodo, de modo que la suma de los cuatro formatos den el plan del área del año escolar.

PERIODO: _____ ASIGNATURA: _____
_____ _____GRADO:
_____ IHS: _____ AÑO:
_____

DOCENTE: _____

VALORES A PROMOVER: _____

FECHA DE PRESENTACION: _____

SEMANA	INDICADOR	ENSEÑANZA(s)	SABERES PREVIOS	RECURSOS	ACTIVIDADES	EVENTOS EVALUATIVOS	FECHA.

ACCIONES CORRECTIVAS:

APÉNDICE No. 12: INSTRUCTIVO PARA LA ELABORACION DE PLANES DE PERÍODO. Permite a las personas diligenciar o gestionar el formato de elaboración de los planes de período, es decir, que de los apéndices 1-15 se usaran durante el primer periodo académico del año escolar. Se debe diligenciar uno por cada periodo.

OBJETO:

Establecer los lineamientos generales o reglas básicas que se deben seguir para la elaboración de las planeaciones de período.

ALCANCE:

Este instructivo debe aplicarse para la planeación a partir del primer período del 2011, en todas y cada una de las asignaturas que el colegio ofrece en los diversos niveles educativos.

DEFINICIONES:

Para los fines particulares del presente instructivo se deben considerar las siguientes definiciones:

INDICADOR: Meta u objetivo parcial señalado para cada asignatura especifica para ser alcanzado durante el desarrollo normal de cada uno de los cuatro períodos en los que se divide el año escolar.

ENSEÑANZA: Tema, instrumento de conocimiento, instrumento axiológico, operación mental, operación intelectual, función cognitiva, proyecto o nuevo conocimiento particular que el docente de la asignatura debe enseñar.

SABERES PREVIOS: Conocimientos previos que debe tener el educando, como punto de partida para abordar los conocimientos nuevos y así propiciar un aprendizaje significativo funcional.

EVENTOS EVALUATIVOS: Conjunto de estrategias utilizadas para verificar y/o medir y dar un valor al grado de avance de un estudiante en el dominio de una determinada temática, habilidad y/o competencia, con el fin de orientar y mejora el proceso de enseñanza-aprendizaje. Los eventos evaluativos pueden ser (Proc.) procesuales (es decir, se van observando y evaluando a lo largo de las diferentes clases del período) o (Prog.) programables (es decir, cada uno de los eventos programados para su verificación se deben fijar para una semana determinada dentro del período académico).

FECHAS: ubicación en el tiempo real del período de las actividades escolares de tipo evaluativo previstas para cada indicador de logro y/o competencia.

ACCIONES CORRECTIVAS: Decisiones expresadas en términos de acciones concretas que se llevaran a cabo cuando el objetivo principal de la clase no fue alcanzado por la mayoría de los estudiantes o cuando la clase misma o actividad planeada no se pudo llevar a cabo por alguna razón de orden mayor.

RESPONSABILIDAD:

Es responsabilidad de cada uno de los docentes elaborar sus planes de periodo. Se debe realizar uno diferente para cada asignatura y uno diferente para cada nivel. Los docentes que comparten simultáneamente asignatura y nivel pueden elaborar una sola planeación de período, pero luego cada uno hace el registro por aparte de sus notas u observaciones respecto del desarrollo de la planeación.

CONDICIONES GENERALES

1. Antes de elaborar el plan de período en el formato electrónico es necesario leer y seguir las instrucciones aquí señaladas. Se trata de un FORMATO ELECTRONICO AUTOAJUSTABLE que debe ser utilizado y

conservado desde la aplicación WORD. Para su correcto diligenciamiento siempre utilice papel tamaño carta, márgenes estrecho 1.27cm superior e izquierdo y 1.27 cm derecho e inferior, fuente Arial y a tamaño 8. Las características anteriores corresponden al formulario diseñado por la Institución.

2. Guarde siempre el original electrónico de este formato original, en blanco, ya que lo necesitará sucesivamente.

3. Para trabajar una de sus planeaciones comience por hacer una copia electrónica del formato. Antes de avanzar guarde el nuevo archivo con otro nombre. Para ello escriba primero el digito del periodo al cual pertenece la planeación, luego escriba el nombre corto de la asignatura específica y finalmente su "nombre corto" para evitar confusiones con otro profesor o profesora que dicte la misma asignatura en la Institución. Finalmente especifique el grado al que pertenece la planeación. P.e.: **1 MATEMATICAS ANDREA 9.**

4. Guardado con un nuevo nombre el esquema original comience a diligenciarlo: Después del signo de puntuación denominado "dos puntos y seguido" que acompaña a las expresiones Período, Área, Asignatura, Curso, IHS, Docente, Valores a Promover en el Periodo, Fecha de presentación, escriba utilizando mayúsculas y minúsculas el dato pertinente.

5. Diligencie primero la columna de semana reseñando el intervalo correspondiente a las 10 semanas del periodo respectivo.Ej.:1,2….

6. Se debe diligenciar después la columna **Indicadores,** para ello en cada fila escriba cada uno de los indicadores que Usted ha decidido evaluar en el período que está

planificando. No olvidar tener en cuenta la codificación de los indicadores diseñados en el formato respectivo. Es necesario escribirlos en términos de lo que el docente verificará en el estudiante en el momento de la evaluación.

Ejemplo:

✓ Resolver problemas en situaciones aditivas de composición y de transformación.

✓ Identificar la intención comunicativa de cada uno de los textos leídos.

7. Diligencie después la columna **Enseñanzas;** para ello identifique la(s) enseñanza(s) pertinente(s) de acuerdo con el contenido específico del indicador que será evaluado. Tenga como referente el formato de contenidos programáticos.

8. Diligencie la columna Saberes Previos identificando los conocimientos y las experiencias que Usted cree que educando debe tener y que sean relevantes en función de las capacidades nuevas que deban adquirir y así propiciar un aprendizaje significativo funcional.

9. Actividades: Escriba la(s) actividad(es) central(es) o más importante(s) que va(n) a ser realizada(s) dentro de la clase. Atendiendo los lineamientos a nivel nacional, en el desarrollo de un área o una asignatura se deben aplicar estrategias y métodos pedagógicos activos y vivenciales que incluyan la exposición, la observación, la experimentación, la práctica, el laboratorio, el taller de trabajo, el uso de las nuevas tecnologías de la información y los demás elementos que contribuyan a un mejor desarrollo cognitivo y a una mayor formación de la capacidad crítica, reflexiva y analítica del educando.

10. En la columna **recursos** escriba los elementos que deberá prever con mayor anticipación y cuidado a fin de garantizar el correcto desarrollo de la actividad(es) prevista(s).

11. Diligencie la columna **Eventos evaluativos**: Para ello, determine cuales son los eventos o estrategias evaluativas que Usted ha planificado para verificar el alcance de cada uno de los indicadores seleccionados para el período. Debe planificar mínimo un evento evaluativo por competencia.

12. Diligencie la **columna Fecha**: En esta columna escriba la fecha de la semana a que corresponde cada evento evaluativo programado. Procure no dejar eventos evaluativos para la semana de cierre del período.

13. Finalmente desde inicio del desarrollo del periodo hasta terminarlo, vaya diligenciando en la columna **Acciones correctivas** las decisiones, expresadas en términos de acciones concretas, que Usted llevará a cabo cuando el objetivo principal de la clase no fue alcanzado por la mayoría de los estudiantes o cuando la clase misma no se pudo realizar por alguna razón de orden mayor por lo tanto estas actividades o conjunto de actividades que se planifican se utilizarán en caso de que la actividad principal inicialmente planeada para la clase se vea obstaculizada por algún elemento fortuito.

ANEXOS

Formato para la elaboración del plan de período.

DESCRIPCION DEL DOCUMENTO

Para la elaboración de este documento se debe tener en cuenta el formato electrónico suministrado por la Institución. Se deben dejar planeados los cuatro períodos en que se divide el año escolar y al finalizar cada periodo se harán los ajustes. (Solo cuando sea estrictamente necesario).

Copia en papel de este formato de planeación diligenciado debe estar entre los documentos de uso diario del docente dentro del aula de clase. Copia electrónica de este formato ya diligenciado debe permanecer en el archivo del área: Carpeta PLANEACION ACADEMICA AÑO 2011 junto con una copia en papel. Copia de este Plan debe ser enviada por el Jefe de Área a Coordinación Académica.

GESTION DOCUMENTAL

Copia en papel del presente instructivo y copia electrónica en archivo PDF debe permanecer en el archivo físico del Delegado de la alta Dirección para el sistema de Gestión de Calidad, Carpeta: Gestión educativa.

Copia electrónica del presente documento se debe conservar en la Coordinación Académica.

HISTORIAL O CONTROL DE CAMBIOS A ESTE DOCUMENTO

VERSION	FECHA DE APROBACION	DESCRIPCION DEL CAMBIO REALIZADO
A	18-02-2008	Versión inicial

Elaboró: Firma:	Revisó Firma:	Aprobó Firma:
Nombre:	Nombre:	Nombre:
Cargo:	Cargo:	Cargo:
Fecha:	Fecha:	Fecha:

APÉNDICE No. 13: FORMATO PARA LA ELABORACION DE PROYECTOS. Este formato le permite a los maestros diseñar sus proyectos de área, aula o de asignatura que anima durante el año escolar.

INSTITUCIÓN EDUCATIVA
COORDINACIÓN ACADÉMICA
PROYECTOS

Complete la siguiente información con respecto al proyecto que va a realizar colocando el cursor sobre el recuadro gris. Nombre el archivo con el nombre del proyecto.

Título del proyecto

Departamento

Fecha de recepción [dd/MM/yyyy]

Presentado por

Resumen del Proyecto (utilice máximo 200 palabras) [Abstract]

Palabras claves [Keywords]

Justificación

Objetivo General

Objetivos Específicos

*

*

*

*

*

Población Objetivo

Recursos

Físicos

Humanos

Metas

Metodología

Cronograma

Fechas (por semanas)	Actividad a realizar	Encargado
Semana 1 del al		
Semana 2 del al		
Semana 3 del al		
Semana 4 del al		
Semana 5 del al		
Semana 6 del al		

Semana 7 del al		
Semana 8 del al		
Semana 9 del al		
Semana 10 del al		

Evaluación (describa la periodicidad y elementos evaluativos que utilizará para conocer los alcances del proyectos)

Aprobación

El Consejo Académico en sesión   del día   APROBÓ el presente proyecto.

El Consejo Directivo en sesión   del día   APROBÓ el presente proyecto

APÉNDICE No. 14: INSTRUCTIVO PARA LA ELABORACION DE PROYECTOS. Permite a las personas diligenciar o gestionar el plan de área.

OBJETO

Establecer el procedimiento básico para la gestión de planes y proyectos pedagógicos de área.

ALCANCE

Este documento aplica para la planeación, ejecución, verificación y mejora de planes y proyectos.

DEFINICIONES

PLAN DE ESTUDIOS: Áreas obligatorias y optativas según la legislación nacional, que incluye el plan de área y el plan de asignatura.

PLAN DE ÁREA: Es la programación del área y contiene los elementos generales o comunes de la planeación de área: Propósito de área, Competencias específicas del área, Proyecto Pedagógico, Eventos o actividades especiales del área y Planes de Asignatura.

PLAN DE PERIODO: Documento que contiene Indicadores de logro, las enseñanzas específicas, los saberes previos, recursos, actividades, eventos evaluativos.

PROYECTO PEDAGÓGICO: Documento que correlaciona e integra los conocimientos, habilidades, destrezas, actitudes y valores de una o diversas áreas.

RESPONSABLE

COORDINADOR ACADÉMICO: Es el directo responsable de que se cumpla con lo establecido en este procedimiento.

CONDICIONES GENERALES

La gestión de planes y proyectos debe asegurar la alineación entre los fines, los objetivos de la educación colombiana, los lineamientos curriculares y los estándares en las áreas donde existan, los objetivos generales del Proyecto Educativo Institucional y el perfil del estudiante de la institución.

DESCRIPCIÓN DEL INSTRUCTIVO

En el diligenciamiento del formato, debe completar la información con respecto al proyecto o al plan que va a realizar, colocando el cursor sobre el recuadro gris.

Para la gestión de planes y proyectos se desarrollará el siguiente procedimiento:

- Título del proyecto:

  Debe aquí colocársele un nombre sugestivo y atrayente que cautive a los jóvenes para que se incorporen a él.

- Departamento:

Las diversas áreas de la institución se organizan en Departamentos para así poder alcanzar un mejor desempeño y trabajo en equipo. Estos departamentos en la institución son: Matemáticas. Ciencias Sociales, Idioma Extranjero, Lengua Castellana, Educación Religiosa, Tecnología e Informática, Ciencias Naturales, Educación Artística, Educación Física, Emprendimiento, Educación Ética y valores Humanos, Filosofía y Área Técnica.

- Fecha de recepción:

  Es el día en que se inicia el proyecto o el plan.

- Presentado por:

  El responsable del proyecto.

- Resumen del proyecto:

  Es una síntesis del proyecto tipo abstract.

- Palabras claves:

  Son Palabras que en cierto modo encierran la idea central del proyecto.

- Justificación:

  Es la razón de ser el proyecto, el pretexto por el cual se hace necesario investigar tal situación y dar determinada respuesta.

- Objetivo General:

  Son las grandes metas que se quiere alcanzar en el proceso investigativo y que se debe evidenciar al final del proyecto.

- Objetivos específicos:

  Son metas que se quieren alcanzar a lo largo del proceso y que sirven de indicadores para evidenciar el alcance del objetivo general.

- Población Objetivo:

  Es la población objeto del proyecto, a la cual se le aplicara la investigación.

- Recursos:

Son aquellos elementos o personas que se usarán o participaran del proceso investigativo.

- Metas:

Son indicadores que se expresan en términos de porcentaje y que se deben evidenciar en determinado tiempo.

- Metodología:

Es la forma en que se va a realizar la investigación, los pasos o etapas por las que debe pasar el investigador para poder alcanzar los objetivos.

- Cronograma:

Es el tiempo que se va a destina para cada una de las etapas con las que cuenta el proyecto. Se puede aplicar en termino de semanas o de meses.

- Evaluación:

Al finalizar el proyecto, se debe dar razón de todas las metas y objetivos, su alcance y los aspectos que se deben mejorar.

- Aprobación:

Dependiendo del alcance y la magnitud del proyecto o del plan, este debe tener la aprobación, ya sea del Consejo Académico o del Consejo Directivo.

ANEXO

Formato para elaborar proyectos de área o de aula.

GESTION DOCUMENTAL

Copia en papel del presente instructivo y copia electrónica en archivo PDF debe permanecer en el archivo físico del Delegado de la alta Dirección para el sistema de Gestión de Calidad, Carpeta: Gestión educativa.

Copia electrónica del presente documento se debe conservar en la Coordinación Académica.

HISTORIAL O CONTROL DE CAMBIOS A ESTE DOCUMENTO

VERSION	FECHA DE APROBACION	DESCRIPCION DEL CAMBIO REALIZADO
A	18-02-2008	Versión inicial
B		

Responsable: Firma	Revisó: Firma:	Aprobó: Firma
Nombre:	Nombre:	Nombre:
Cargo:	Cargo :	Cargo :
Fecha:	Fecha:	Fecha:

APÉNDICE No. 15: FORMATO PARA LA EVALUACION Y SEGUIMIENTO DE LOS PROYECTOS. Este formato permite controlar y hacer seguimiento a los proyectos que planea el maestro para el proceso de su área, aula o asignatura específica, de modo que se cumplan los objetivos y se alcancen las metas proyectadas en dichos proyectos.

DEPARTAMENTO: _____

FECHA: _____

TÍTULO DEL PROYECTO:

_____

EVALUACIÓN: Parcial Final

PRESENTADO POR: _____

El éxito de un proyecto no se limita solo a su gestión, solo la evaluación permite juzgar si, al fin del proyecto, los objetivos fueron efectivamente logrados.

---

1. CUMPLIMIENTO DE OBJETIVOS: Revise los objetivos planteados en el proyecto e indique su grado de cumplimiento.(*Los objetivos nos indican para que se realiza el proyecto y que se espera al finalizar el mismo)*

2. METAS:(*Expresiones concretas de lo que se propone alcanzar en la implementación del proyecto*): Hasta qué punto se alcanzaron las metas propuestas.

3. METODOLOGIA: (*La metodología proporciona las herramientas y las técnicas mediante las cuales intentaremos transformar la realidad con el fin de mejorarla. Es conveniente evaluarla en función de los objetivos y de los beneficiarios del proyecto*) ¿La metodología ha sido adecuada? ¿Qué dificultades se han presentado?

4. ACTIVIDADES: Que actividades del proyecto se realizado, evalúe c/u de de las actividades programadas en el cronograma del proyecto. Determine logros y/o dificultades.

5. ¿Cómo ha sido la participación de la Comunidad Educativa en el desarrollo del proyecto?

6. RECURSOS:*(Para realizar un proyecto es necesario contar con unos recursos que posibiliten que el proyecto se lleve a cabo. Los recursos pueden ser los humanos (con quién hacer), materiales y financieros (con qué hacer).* Realice una evaluación de los recursos para medir la eficiencia del proyecto.

7. OBSERVACIONES. Utilice este espacio para consignar las observaciones que crea pertinentes y lo relacionado con el impacto del proyecto (resultado estimado)

_____

Jefe de Departamento

Fecha de entrega: dd mm año

APÉNDICE No. 16: FORMATO PARA EL REGISTRO DEL DIARIO DE CLASE. Este formato permite evidenciar que lo programado en las diferentes estancias se cumple fielmente; para las auditorías de calidad, es el principal instrumento de verificación.

CURSO:			
DIA:			
FECHA			
HORA	AREA O ASIGNATURA	ESTUDIANTES AUSENTES	FIRMA DEL PROFESOR
1ª			
2ª			
3ª			
4ª			
5ª			
6ª			

REPRESENTANTE DEL CURSO

TITULAR

COORDINADOR

APÉNDICE No. 17: INSTRUCTIVO PARA DILIGENCIAR EL REGISTRO DE DIARIO DE CLASE. Permite a los profesores diligenciar o gestionar el registro de diario de clase.

OBJETO:

Establecer los lineamientos para registrar cada una de las clases en la institución educativa.

ALCANCE:

Este instructivo es aplicable para los coordinadores, docentes y estudiantes encargados del registro de clase.

DEFINICIONES:

REGISTRO DIARIO DE CLASE: Formato para sintetizar el desarrollo de cada una de las clases que un curso recibe en el día.

RESPONSABILIDAD

Es responsabilidad del profesor el registro de su clase antes de retirarse de un aula. Es responsabilidad del estudiante encargado reclamar en Coordinación el formato al iniciar la jornada, presentarlo a cada docente en la clase, firmarlo el mismo, recoger la firma del titular y entregarlo en la Coordinación al finalizar la jornada.

CONDICIONES

Los registros se harán en el formato

DESCRIPCION DEL FORMATO

- ENCABEZADO DEL FORMATO: El encabezado debe contener:

- Nombre del colegio.

- El nombre del formato: "REGISTRO DIARIO DE CLASE".

Logotipo del colegio.

- Los espacios que el docente debe diligenciar:

- Curso

- Día: Nombre del día de la semana.

- Fecha: Día, mes, año.

- Área y/o asignatura

- Nombre y código (No. De la lista del curso) de los estudiantes ausentes.

Firma del docente

OBSERVACIONES: Registre situaciones de origen institucional que hayan interferido, acortado o reemplazado la clase.

El diligenciamiento del formato incluye la firma del Alcalde del curso, el Titular y el Coordinador de la División.

ANEXOS

Formato para el Registro diario de clases.

GESTION DOCUMENTAL

Copia en papel del presente instructivo y copia electrónica en archivo PDF debe permanecer en el archivo físico del Delegado de la Alta Dirección para el Sistema de Gestión de la Calidad.

Copia electrónica del presente documento se debe conservar en Coordinación Académica. SISTEMA DE GESTION DE CALIDAD/ GESTION EDUCATIVA/INSTRUCTIVOS GENERADOS.

HISTORIAL O CONTROL DE CAMBIOS A ESTE DOCUMENTO

VERSION	FECHA DE APROBACION	DESCRIPCION DEL CAMBIO REALIZADO
A	18-02-2008	Versión inicial

Elaboró: Firma:	Revisó Firma:	Aprobó Firma:
Nombre:	Nombre:	Nombre:
Cargo:	Cargo:	Cargo:
Fecha:	Fecha:	Fecha:

APÉNDICE No. 18: FORMATO PARA EL REGISTRO DE ACTIVIDADES ACADEMICAS DEL DOCENTE. Al igual que el anterior formato, permite evidenciar que lo planeado y programado por el maestro, efectivamente se ejecuta.

AREA Y/ O ASIGNATURA: _____

_____ CURSO: _____

I.H.S. _____ H.T.P._____

PERIODO: _____

PROFESOR(A): _____

JORNADA: _____

SEDE: _____ AÑO: _____

LOGROS: C. INTERPRETATIVA _____ C.

ARGUMENTATIVA _____

C. PROPOSITIVA _____

C. COMUNICATIVA _____

C. ESPECIFICA _____

No. CLASE	FECHA	COMPETENCIA	INDICADOR DE LOGRO	CONTENIDOS	EVALUACIÓN	COMPROMISOS	FIRMA

APÉNDICE No. 19: INSTRUCTIVO PARA DILIGENCIAR EL REGISTRO DE ACTIVIDADES ACADÉMICAS DEL DOCENTE. Permite a las personas diligenciar o gestionar el formato para registrar las actividades académicas que realiza el docente en clases.

OBJETO:

Establecer los lineamientos generales o reglas básicas que se deben seguir para registro de actividades académicas planeadas en el instructivo de plan de Período.

ALCANCE:

Este instructivo debe aplicarse para la ejecución de la planeación a partir del primer período del 2011, en todas y cada una de las asignaturas y/o áreas que el colegio ofrece en los diversos niveles educativos.

DEFINICIONES:

Para los fines particulares del presente instructivo se deben considerar las siguientes definiciones:

LOGRO: Son descripciones que hacen referencia al estado de desarrollo de un proceso en un momento determinado. Los logros comprenden los conocimientos, las habilidades, los comportamientos, las actitudes y demás capacidades que deben alcanzar los estudiantes de un grado, y/o nivel en un área determinada en su proceso de formación, los cuales se encuentran articulados a una competencia especifica.

COMPETENCIAS: Destreza, habilidad, capacidad para efectuar correctamente una determinada tarea con base en conocimientos previamente adquiridos."Saber hacer en contexto". Desde el ICFES se proponen cuatro competencias básicas:

- **INTERPRETATIVAS:** Comprensión de la información en cualquier sistema de símbolos o formas de representación. Abarca las acciones que se encaminan a la búsqueda del sentido de un texto, proposición, problema, gráfica, mapa, esquema, entre otras situaciones, donde se le proporciona un contexto al estudiante.

- **ARGUMENTATIVAS:** Explicación y justificación de enunciados y acciones. Comprende las acciones que buscan dar razón o explicación de una afirmación, una demostración, comprobación de hechos, presentación de ejemplos y contraejemplos, articula conceptos o sustenta conclusiones.

- **PROPOSITIVA:** Producción y creación. Comprende acciones que llevan a plantear y resolver problemas, formular proyectos, generar hipótesis, descubrir regularidades, hacer generalizaciones, construir modelos.

- **COMUNICATIVA:** Asume el componente fonético, sintáctico y semántico de la lengua.

INDICADOR DE LOGRO: Son indicios, señales, rasgos o conjuntos de rasgos, datos e informaciones perceptibles que al ser confrontados con lo esperado, pueden considerarse como evidencias significativas de la evolución del desarrollo humano. Los indicadores son medios para constatar hasta donde se alcanzó el logro propuesto o esperado.

CONTENIDOS: Tema, instrumento de conocimiento, instrumento axiológico, operación mental, operación intelectual, función cognitiva, proyecto o nuevo debe tener el educando, como punto de partida para abordar los conocimientos nuevos y así propiciar un aprendizaje significativo funcional docente de la asignatura debe enseñar..

EVENTOS EVALUATIVOS: Conjunto de estrategias utilizadas para verificar y/o medir y dar un valor al grado de avance de un estudiante en el dominio de una determinada temática, habilidad y/o competencia, con el fin de orientar y mejorar el proceso de enseñanza-aprendizaje. Los eventos evaluativos pueden ser (Proc.) procesuales (es decir, se van observando y evaluando a lo largo de las diferentes clases del período) o (Prog.) programables (es decir, cada uno de los eventos programados para su verificación fija dos para una semana determinada dentro del período académico).

FECHAS: ubicación en el tiempo real del período de las actividades escolares de tipo evaluativo previstas para cada indicador de logro y/o competencia.

ACCIONES CORRECTIVAS: Decisiones expresadas en términos de acciones concretas que se llevaran a cabo cuando el objetivo principal de la clase no fue alcanzado por la mayoría de los estudiantes o cuando la clase misma o actividad planeada no se pudo llevar a cabo por alguna razón de orden mayor.

RESPONSABILIDAD:

Es responsabilidad de cada uno de los docentes registrar diariamente las actividades académicas realizadas en la ejecución del Plan de Período. Se debe realizar uno diferente para cada asignatura y curso respectivo.

CONDICIONES GENERALES

1. Antes de iniciar el Registro de Actividades Académicas y con el fin de mantener la legibilidad de los mismos tenga en cuenta los siguientes aspectos:

    a. Realícelos con letra legible (preferiblemente imprenta).

b.   Siempre utilice tinta negra, nunca lápiz.

c.   Evite tachones y enmendaduras.

2.   Diligencie Área y/ Asignatura, Curso, intensidad Horaria Semanal (I.H.S.), Horas Totales Planeadas para el Periodo (H.T.P.), Periodo, Profesor(a), Jornada, Sede, año lectivo.

3.   Marque con una X las competencias a desarrollar en el periodo.

4.   Inicie con la columna de No. de clases: 1, 2,3….y al frente en la columna de fecha consigne la que corresponde. En cada período reinicie la numeración de las clases.

5.   Escriba la competencia a evaluar que debe corresponderse con el Indicador de logro formulado.

6.   En la columna Indicador de logro escriba solamente el código que corresponde en el FOR-GE-05, relacionado con la competencia a evaluar.

7.   Escriba los contenidos o temas tratados en la clase.

8.   En la columna Evaluación escriba el tipo de evento evaluativo realizado.(no olvide que debe corresponder con el planeado en el formato del plan de período).

9.   Al final de cada clase quedan unos **compromisos** entre docente y estudiante, que comúnmente se denominan: **tareas escolares**. Estos compromisos o tareas deben procurar que el estudiante utilice los distintos medios que tiene a su alcance para profundizar en el tema visto, y deben quedar consignadas en esta columna.

10. Termine el proceso escribiendo su nombre completo o firma.

ANEXO

Formato para el registro de actividades académicas.

DESCRIPCION DEL DOCUMENTO

Para la elaboración de este documento se debe tener en cuenta el formato entregado por la coordinación Académica.

GESTION DOCUMENTAL

Copia en papel del presente instructivo y copia electrónica en archivo PDF debe permanecer en el archivo físico del Delegado de la alta Dirección para el sistema de Gestión de Calidad, Carpeta: Gestión educativa.

Copia electrónica del presente documento se debe conservar en la Coordinación Académica.

HISTORIAL O CONTROL DE CAMBIOS A ESTE DOCUMENTO

VERSION	FECHA DE APROBACION	DESCRIPCION DEL CAMBIO REALIZADO
A	10-11-2008	Versión inicial

Elaboró: Firma:	Revisó Firma:	Aprobó Firma:
Nombre:	Nombre:	Nombre:
Cargo:	Cargo:	Cargo:
Fecha:	Fecha:	Fecha:

APÉNDICE No. 20: PLANILLA DE HETEROEVALUACIÓN.
Este tipo de planilla varía de acuerdo al diseño de cada institución; es la planilla de diario de la evaluación que lleva el docente para consignar los avances o dificultades de los estudiantes a lo largo del proceso de aprendizaje. Se usa una por periodo académico.

COLEGIO SAGRADO CORAZON DE JESUS

PLANILLA DE HETEROEVALUACION

COD	NOMBRES Y APELLIDOS	P1	P2	P3	P4	AUS	1	2	3...	16	NIVE-LACION	FINAL
1												
2												
3												
4												
5												
6												
7												

PRIMERA COLUMNA:

En esta columna aparece el código del estudiante

SEGUNDA COLUMNA:

En esta columna va el nombre y apellido del alumno

COLUMNAS P1 A P4:

Aquí van a ir apareciendo las definitivas de los periodos, en la medida que van pasando

COLUMNAS 1 A 16:

Estas columnas son para los eventos evaluativos; a continuación voy a poner un ejemplo de cómo se pueden agrupar los eventos evaluativos:

EV.1: Aquí puedo poner todas las evaluaciones escritas

EV.2: Aquí puedo ubicar todas las notas de los trabajos escritos

EV.3: Aquí puedo ubicar todas las notas de las revisión de cuadernos

EV.4 Aquí puedo poner todas las notas de exposiciones o de trabajo en grupo

E.V.5 Aquí puedo poner las notas de participación, investigación o profundización.

COLUMNA DEF:

Aquí al finalizar el periodo, suma los totales y le debe dar el equivalente hasta el 25%, no se puede exceder, ya que cada periodo vale hasta 25%. Después confronta con los valores de la escala de los juicios valorativo y emite entonces según ella el juicio valorativo que corresponda en la siguiente columna.

COLUMNA J.V :

En esta columna coloca el juicio valorativo que dedujo de la operación anterior

COLUMNA FALLAS:

Aquí se escribe el número de fallas que haya manifestado el estudiante durante el período. Es importante que lo pongamos, pues nos sirve de soporte disciplinario.

APÉNDICE No. 21: PLANILLA DE AUTOEVALUACION Y COEVALUACIÓN. Este tipo de planilla permite a los estudiantes llevar sus propios registros, de modo que al final del periodo, evidencien su desempeño y encuentres herramientas metacognitivas.

Nombre:	Periodo:	Curso:

AREA	Área y /o Asignatura	COMPETENCIA				Definitiva
		Interpre-tativa	Argumentativa	Propositiva	Comunicativa	
Ciencias naturales y educación ambiental	Ciencias Naturales					
	Biología					
	Química					
	Física					
Ciencias Sociales	Ciencias Sociales					
	Ciencias sociales económicas y políticas					
Educación Artística	Educación Artística					
Educación Ética y valores	Educación Ética y valores					
Educación Física	Educación Física					
Educación Religiosa	Educación Religiosa					
Lengua Castellana	Lengua Castellana					
Inglés	Inglés					
	Grammar					
	Writing					
	Reading					
Matemáticas	Matemáticas					
	Aritmética					
	Algebra					
	Calculo					

	Geometría					
	Trigonometría					
	Estadística					
Tecnología. e Informática	Tecnología e Informática					
	Redes					
	Diseño e Integración Multimedia					
Emprenderismo	Emprenderismo					
Filosofía	Filosofía					

APÉNDICE No. 22: INSTRUCTIVO PARA EL DILIGENCIAMIENTO DE LAS PLANILLAS DE SEGUIMIENTO Y EVALUACION ESCOLAR (AUTOEVALUACIÓN Y COEVALUACIÓN). Permite a los profesores diligenciar o gestionar las planillas de autoevaluación y coevaluación institucionales.

OBJETO:

Establecer los lineamientos generales o reglas básicas para que todos los estudiantes puedan registrar periódicamente los resultados de los eventos evaluativos realizados en cada área u asignatura.

ALCANCE:

Este instructivo debe aplicarse por todos los estudiantes matriculados en el Colegio en los niveles de Educación básica y Media.

DEFINICIONES:

Para los fines particulares del presente instructivo se deben considerar las siguientes definiciones:

EVENTOS EVALUATIVOS: Conjunto de estrategias utilizadas para verificar, medir y dar un valor al grado de avance de un estudiante en el dominio de una determinada temática, habilidad y/o competencia, con el fin de orientar y mejorar el proceso de enseñanza-aprendizaje.

PROCESO: Conjunto de fases sucesivas de un fenómeno o de una técnica, conducentes a un determinado resultado.

AREA: El concepto de Área obligatoria y fundamental hace referencia a un cuerpo de conocimientos, valores, habilidades y destrezas, estrategias cognoscitivas y actitudes que, según la Ley general de Educación, no pueden faltar en la formación integral del individuo.

ASIGNATURA: Estructuración de algunas áreas de acuerdo con sus afinidades, que posibilitan experiencias educativas, donde se plantean y analizan diversas formas de entender el mundo, de explicarlo, de argumentar y de dar sentido a la acción a través de la respectiva área a la que pertenece.

COMPETENCIAS: Destreza, habilidad, capacidad para efectuar correctamente una determinada tarea con base en conocimientos previamente adquiridos."Saber hacer en contexto".

- **INTERPRETATIVAS:** Comprensión de la información en cualquier sistema de símbolos o formas de representación. Abarca las acciones que se encaminan a la búsqueda del sentido de un texto, proposición, problema, gráfica, mapa, esquema, entre otras situaciones, donde se le proporciona un contexto al estudiante.

- **ARGUMENTATIVAS:** Explicación y justificación de enunciados y acciones. Comprende las acciones que buscan dar razón o explicación de una afirmación, una demostración, comprobación de hechos, presentación de ejemplos y contraejemplos, articula conceptos o sustenta conclusiones.

- **PROPOSITIVA:** Producción y creación. Comprende acciones que llevan a plantear y resolver problemas, formular proyectos, generar hipótesis, descubrir regularidades, hacer generalizaciones, construir modelos.

- **COMUNICATIVA:** Asume el componente fonético, sintáctico y semántico de la lengua.

RESPONSABILIDAD:

Es responsabilidad de todos los estudiantes en los niveles de Educación básica y Media el registro periódico de los resultados de cada evento evaluativo realizados dentro de las fechas previstas.

CONDICIONES GENERALES

1. Antes de iniciar el Registro de los resultados de los eventos evaluativos por cada competencia y con el fin de mantener la legibilidad de los mismos tenga en cuenta los siguientes aspectos:

   a. Siempre utilice tinta negra, nunca lápiz.

   b. Evite tachones y enmendaduras.

2. Diligencie el encabezamiento del formato con su nombre y apellidos, el periodo que se está evaluando y el curso.

3. En la medida que se vayan realizando los eventos evaluativos registre con números claros y legibles los resultados en cada competencia evaluada, recuerde que su profesor deberá evaluar en el periodo respectivo las cuatro (4) competencias, por lo tanto al finalizar el mismo cada estudiante deberá tener registrado el puntaje asignado en la competencia interpretativa, competencia argumentativa, competencia propositiva y competencia comunicativa. El puntaje máximo por competencia es de 25 puntos.

4. Finalizado el periodo realice el promedio y escríbalo en la columna asignada como DEFINITIVA.

5. Es importante que la planilla de seguimiento al proceso evaluativo sea revisada todos los días por los Padres y / o Acudientes, además resguardada en un lugar seguro para garantizar su conservación y evitar su pérdida.

6. Es de obligatoriedad para todos los estudiantes traer todos los días al colegio **la planilla de seguimiento al proceso evaluativo** (FOR-GE-010) ya que en cualquier

momento puede ser revisado por la Rectoría, Coordinador Académico o Coordinador de División.

DESCRIPCION DEL DOCUMENTO

Para la elaboración de este documento se debe tener en cuenta el formato suministrado por la Institución.

GESTION DOCUMENTAL

Copia en papel del presente instructivo y copia electrónica en archivo PDF debe permanecer en el archivo físico del Delegado de la alta Dirección para el sistema de Gestión de Calidad, Carpeta: Gestión educativa.

Copia electrónica del presente documento se debe conservar en la Coordinación Académica.

HISTORIAL O CONTROL DE CAMBIOS A ESTE DOCUMENTO

VERSION	FECHA DE APROBACION	DESCRIPCION DEL CAMBIO REALIZADO
A	7-05-2009	Versión inicial

Elaboró: Firma:	Revisó Firma:	Aprobó Firma:
Nombre:	Nombre:	Nombre:
Cargo:	Cargo:	Cargo:
Fecha:	Fecha:	Fecha:

APÉNDICE No. 23: FORMATO PARA EL REGISTRO DEL OBSERVADOR DEL ESTUDIANTE. Este tipo de formato nos permite aplicar eficazmente el debido proceso, reconocer el acompañamiento disciplinario y comportamental dirigido a los estudiantes, y evitar problemas de tipo jurídico en la toma de decisiones sobre la no permanencia de uno de ellos.

PROFESOR(A):

PERIODO:

FECHA			HORA	ASIGNATURA	DESCRIPCION DE LA SITUACION	NOMBRE DEL ESTUDIANTE	CURSO	FIRMA DEL ESTUDIANTE
DD	MM	AAAA						

FIRMA DEL PROFESOR

FECHA: _____

APÉNDICE No. 24: INSTRUCTIVO PARA EL DILIGENCIAMIENTO DEL OBSERVADOR DEL ESTUDIANTE. Permite a las personas diligenciar o gestionar formato de registro del observador del estudiante.

OBJETO:

Establecer los lineamientos generales para el diligenciamiento del observador del estudiante utilizado por la institución educativa.

ALCANCE:

Este instructivo debe aplicarse por todos Las dependencias que tienen responsabilidad directa en el acompañamiento y seguimiento de los estudiantes de la institución educativa, como son el Rector, los Coordinadores, los titulares, los docentes y los orientadores.

DEFINICION

OBSERVADOR DEL ESTUDIANTE: Es un registro escrito de seguimiento de los estudiantes donde se mencionan sus comportamientos observados (sean positivos o negativos), las acciones encaminadas a apoyarlos y los estímulos y sanciones a que fueron merecedores.

RESPONSABILIDAD:

Es responsabilidad de cada Coordinador de División velar por el correcto diligenciamiento y manejo del Observador del Estudiante y el cumplimiento del presente instructivo.

Es responsabilidad de todos los profesores consignar en el observador del estudiante los comportamientos inadecuados o reincidencia en el cumplimiento de los deberes escolares.

Es responsabilidad del personal del departamento de Asesoría y Orientación registrar el seguimiento de apoyo realizado a los estudiantes.

Es responsabilidad del Profesor Titular al finalizar cada período y al finalizar el año lectivo, registrar un resumen del desempeño académico y comportamental de cada estudiante.

CONDICIONES GENERALES

1. Para el registro de observaciones a los estudiantes en los aspectos académico y y/o comportamental se utilizará el registro respectivo.

2. En caso de comportamientos inadecuados o reincidencia en el cumplimiento de los deberes los profesores utilizarán el formato en mención "Observador del Estudiante". Para que el registro tenga validez debe tener la firma del estudiante y del Profesor.

3. Finalizado el periodo los Profesores harán entrega debidamente firmados los formatos utilizados, con el fin de que sirvan como evidencia en caso de una reclamación.

4. Finalizado cada período el titular de curso debe registrar un resumen del desempeño académico y comportamental de cada estudiante.

5. En casos especiales la Coordinación de la División decidirá en qué momento el padre de familia debe ser citado al colegio.

6. Al finalizar el año lectivo cada titular debe registrar un resumen global del rendimiento académico y comportamental del estudiante.

El uso externo a la Institución del Observador del Estudiante está sujeto a petición escrita del padre de familia ante la Rectoría y autorización del Hno. Rector y/o cuando una estancia judicial así lo requiera.

ANEXO

Registro Observador del Estudiante.

DESCRIPCION DEL DOCUMENTO

Para la elaboración de este documento se debe tener en cuenta el formato suministrado por la Institución.

GESTION DOCUMENTAL

Copia en papel del presente instructivo y copia electrónica en archivo PDF debe permanecer en el archivo físico del Delegado de la alta Dirección para el sistema de Gestión de Calidad, Carpeta: Gestión educativa.

Copia electrónica del presente documento se debe conservar en la Coordinación Académica.

HISTORIAL O CONTROL DE CAMBIOS A ESTE DOCUMENTO

VERSION	FECHA DE APROBACION	DESCRIPCION DEL CAMBIO REALIZADO
A	7-05-2009	Versión inicial

Elaboró: Firma:	Revisó Firma:	Aprobó Firma:
Nombre:	Nombre:	Nombre:
Cargo:	Cargo:	Cargo:
Fecha:	Fecha:	Fecha:

APÉNDICE No. 25: FORMATO DE AGENDA ESCOLAR.
Últimamente se usa la agenda escolar, de modo que los alumnos, los padres de familia y la comunidad educativa, mantengan la comunicación al día, sobre los procesos escolares y educativos.

		SEMANA DEL		
DIA	**CLASE**	**TRABAJO**	**EVALUACION**	**OTROS**
LUNES	1			
	2			
	3			
	4			
	5			
MARTES	1			
	2			
	3			
	4			
	5			
MIERCOLES	1			
	2			
	3			
	4			
	5			
JUEVES	1			
	2			
	3			
	4			
	5			
VIERNES	1			
	2			
	3			
	4			
	5			

DILIGENCIAMIENTO

Semana del: Escriba ella fecha desde donde inicia y termina la semana que diligenciará.

DE LUNES A VIERNES: Escriba la fecha.

CLASE:: Escriba el nombre de la primera hasta la quinta clase que tenga.

TRABAJO: Escriba en esta columna cualquier tipo de trabajo que deba presentar ese día.

EVALUACION: Escriba en esta columna cualquier tipo de evaluación que deba presentar ese día

OTROS: Escriba en esta columna cualquier otro tipo de actividad que deba presentar ese día

OTRAS HERRAMIENTAS QUE PUEDE INCLUIR LA AGENDA ESCOLAR

DATOS PERSONALES: Permite obtener una información básica para cualquier eventualidad que se pueda presentar con el estudiante.

CALENDARIO: Conformado por los doce meses del año 2008.

HORARIO DE CLASE: Formato para ubicar las clases que tiene el estudiante durante la semana.

ORGANIZADOR ADMINISTRATIVO: Permite recolectar la información de todo el personal directivo y administrativo de la institución.

MANUAL DE CONVIVENCIA O REGLAMENTO ESCOLAR: En el cual se reglamentan las normas mínimas para una sana convivencia institucional.

HIMNOS: Es de vital y obligatoriedad, que los alumnos se sepan los himnos del País, del Departamento o estado, de la ciudad.

PROGRAMADOR: Es un formato que le permite a los alumnos y docentes programar las actividades y evaluaciones que se proyectan realizar durante el mes.

DIAS DE LA SEMANA: A lo largo del año el estudiante podrá programarse día a día en sus tareas y evaluaciones, de modo que ellos y los padres puedan controlar y acompañar el proceso académico. En aquellos estudiantes que manifiesten cierto grado de irresponsabilidad, se hace necesaria la firma del padre de familia.

CITACION DE PADRES -DE FAMILIA: Cuando un docente, o directivo docente requiera la presencia del padre de familia, puede citarlo por escrito a través de este formato.

PERMISOS AUTORIZADOS POR MIS PADRES: Cuando un padre de familia no pueda asistir a la institución pero requiere de un permiso, este puede hacerlo por escrito, con el respectivo soporte (Citas Médicas)

JUSTIFICACION DE AUSENCIAS: Cuando un estudiante no puede asistir a clases y tiene inconveniente para que su acudiente venga al otro día a poner personalmente la excusa, lo puede hacer, pero posteriormente debe acercarse para asegurar la veracidad de la excusa.

AUTORIZACION DE PERMISOS COLEGIO: Si un estudiante debe salir de la Institución, este es el formato que le diligencia el directivo docente o administrativo, para que pueda salir del colegio

REGISTRO DE ACOMPAÑAMIENTO ACADEMICO Y DISCIPLINARIO: Es un formato para hacer alguna amonestación escrita para una falta leve, la cual uno desea que los padres conozcan, debe hacerla allí y asegurarse que el padre de familia al otro día la envía firmada.

OBSERVACIONES GENERALES: es este un espacio para que el estudiante haga cierto tipo de anotaciones muy personales.

APÉNDICE No. 26: INSTRUCTIVO PARA EL USO DE LA AGENDA ESCOLAR. Permite a las personas diligenciar o gestionar la agenda escolar.

OBJETO:

Establecer los lineamientos para el uso de la agenda del COLEGIO SAGRADO CORAZON DE JESUS DE CUCUTA como herramienta de acompañamiento y seguimiento escolar

ALCANCE:

Este instructivo es aplicable para los coordinadores, docentes y estudiantes que utilizan la agenda como herramienta de acompañamiento y seguimiento escolar.

DEFINICIONES INSTITUCIONALES:

DATOS PERSONALES: Permite obtener una información básica para cualquier eventualidad que se pueda presentar con el estudiante.

CALENDARIO: Conformado por los doce meses del año 2008.

HORARIO DE CLASE: Formato para ubicar las clases que tiene el estudiante durante la semana.

ORGANIZADOR ADMINISTRATIVO: Permite recolectar la información de todo el personal directivo y administrativo de la institución.

MANUAL DE CONVIVENCIA: En el cual se reglamentan las normas mínimas para una sana convivencia institucional.

HIMNOS: Es de vital y obligatoriedad, que los alumnos se sepan los himnos de su País, del Departamento o Estado y el de su ciudad.

PROGRAMADOR: Es un formato que le permite a los alumnos y docentes programar las actividades y evaluaciones que se proyectan realizar durante el mes.

DIAS DE LA SEMANA: A lo largo del año el estudiante podrá programarse día a día en sus tareas y evaluaciones, de modo que ellos y los padres puedan controlar y acompañar el proceso académico. En aquellos estudiantes que manifiesten cierto grado de irresponsabilidad, se hace necesaria la firma del padre de familia.

CITACION DE PADRES -DE FAMILIA: Cuando un docente, o directivo docente requiera la presencia del padre de familia, puede citarlo por escrito a través de este formato.

PERMISOS AUTORIZADOS POR MIS PADRES: Cuando un padre de familia no pueda asistir a la institución pero requiere de un permiso, este puede hacerlo por escrito, con el respectivo soporte (Citas Médicas)

JUSTIFICACION DE AUSENCIAS: Cuando un estudiante no puede asistir a clases y tiene inconveniente para que su acudiente venga al otro día a poner personalmente la escusa, lo puede hacer, pero posteriormente debe acercarse para asegurar la veracidad de la excusa.

AUTORIZACION DE PERMISOS COLEGIO: Si un estudiante debe salir de la Institución, este es el formato que le diligencia el directivo docente o administrativo, para que pueda salir del colegio

REGISTRO DE ACOMPAÑAMIENTO ACADEMICO Y DISCIPLINARIO: Es la famosa bitácora, en la que si hay que hacer alguna amonestación escrita para una falta leve, la cual uno desea que los padres conozcan, debe hacerla allí y asegurarse que el padre de familia al otro día la envía firmada.

OBSERVACIONES GENERALES: es este un espacio para que el estudiante haga cierto tipo de anotaciones muy personales.

RESPONSABILIDAD

Es responsabilidad del estudiante velar por el buen uso y cuidado de la agenda, cuando se tengan confrontaciones con padres de familia, el debe llevarla consigo. El coordinador en cualquier momento puede pedirla y el no tenerla puede ser motivo de llamado de atención.

CONDICIONES

El seguimiento y control académico y disciplinario se hará con la ayuda del mismo estudiante, del padre de familia y del docente, la agenda es un medio que facilita y ayuda en su logro.

DESCRIPCION DE LA AGENDA:

DATOS PERSONALESCALENDARIO: Conformado por los doce meses del año 2008.

HORARIO DE CLASE

ORGANIZADOR ADMINISTRATIVO

MANUAL DE CONVIVENCIA

HIMNOS

PROGRAMADOR

DIAS DE LA SEMANA

CITACION DE PADRES DE FAMILIA

PERMISOS AUTORIZADOS POR MIS PADRES

JUSTIFICACION DE AUSENCIAS

AUTORIZACION DE PERMISOS COLEGIO

REGISTRO DE ACOMPAÑAMIENTO ACADEMICO Y DISCIPLINARIO

OBSERVACIONES GENERALES

HISTORIAL O CONTROL DE CAMBIOS A ESTE DOCUMENTO

VERSION	FECHA DE APROBACION	DESCRIPCION DEL CAMBIO REALIZADO
A	03-03-2008	Versión inicial

GESTION DOCUMENTAL

Copia en papel de la presente instructivo copia electrónica en archivo PDF debe permanecer en el archivo físico del Delegado de la Alta Dirección para el Sistema de Gestión de la Calidad.

Copia electrónica y en papel del presente documento se debe hacer llegar a Rectoría, a cada uno de los Coordinadores, jefes de área y docentes de la Institución.

FIRMAS DE APROBACION DEL INSTRUCTIVO PARA EL REGISTRO DE CLASES.

Elaboró: Firma:	Revisó Firma:	Aprobó Firma:
Nombre:	Nombre:	Nombre:
Cargo:	Cargo:	Cargo:
Fecha:	Fecha:	Fecha:

APÉNDICE No. 27: FORMATO PARA CITACION A PADRES DE FAMILIA. Una de la evidencias de la inclusión de los padres de familia en los procesos formativos de los estudiantes.

No.	

Respetado Padre de Familia o Acudiente:

Reciba un cordial y fraternal saludo Lasallista.

Solicitamos su presencia en el Colegio con el fin de dialogar sobre aspectos relacionados con su hijo.

ESTUDIANTE:						
DIA:		MES:		HORA:		CURSO:

LUGAR

RECTORIA		COORDINADOR COMPORTAMENTAL	
ORIENTACION		SALA DE ATENCION A PADRES	
COORDINACION ACADEMICA		SECRETARIA ACADEMICA	
SISTEMA BASICO DE INFORMACION		OTRO:	

MOTIVO	

Nombre de quién cita:	Cargo:
Estudiante enterado: Nombre:	Fecha: (*día, mes, año*)

DILIGENCIAMIENTO-CITACION A PADRES DE FAMILIA-FOR-GE-012

No.: Escriba el número consecutivo de citación de padres de familia o acudiente.

ESTUDIANTE: Escriba el nombre del estudiante.

DIA: Escriba el día en que será citado el padre de Familia o Acudiente.

MES: Escriba el día en que será citado el padre de Familia o Acudiente.

HORA: Escriba el día en que será citado el padre de Familia o Acudiente.

CURSO: Escriba el curso al cual pertenece el estudiante.

LUGAR: Marque con una X en el recuadro dependiendo el lugar en el cual será atendido el Padre de Familia o Acudiente (Rectoría, Orientación, Coordinación académica, Coordinación comportamental, sala de atención de Padres de familia, Secretaría Académica, sistema básico de información u otro.

MOTIVO: Escriba el motivo de la citación.

Nombre de quien cita: escriba el nombre de la persona que realiza la citación.

Cargo: escriba el cargo de la persona que realiza la citación.

Estudiante enterado: El estudiante escribe su nombre como evidencia de que ha sido enterado de la citación al padre de familia. o Acudiente.

Fecha: El estudiante escribe la fecha en la cual se da por enterado de la citación.

APÉNDICE No. 28: FORMATO DE CONTROL Y SEGUIMIENTO A LOS PADRES DE FAMILIA. Otra evidencia de la inclusión de los padres de familia y de su compromiso con la institución específicamente con el acompañamiento que hacen a sus hijos de acuerdo a lo acordado en el formato para citación a padres de familia.

No.	Fecha	Curso	Estudiante	Padre de familia y/ o acudiente	Hora	Nombre del funcionario que atiende	Cargo	Asunto	Firma del padre de familia y/o acudiente

DILIGENCIAMIENTO-CONTRO DE CITACION A PADRES DE FAMILIA

No.: Escriba el número consecutivo de atención de padres de familia o acudiente.

FECHA: Escriba la fecha en que se atiende al Padre de familia y/o Acudiente

CURSO :Escriba el nombre del curso al que pertenece el estudiante

ESTUDIANTE: Escriba el nombre y apellidos del estudiante que motiva la citación del Acudiente o padre de familia

PADRE DE FAMILIA Y/O ACUDIENTE: Escriba nombre y apellidos del padre de familia o acudiente atendido

HORA: Escriba la hora en que se atendió al el padre de Familia o Acudiente.

CURSO: Escriba el curso al cual pertenece el estudiante.

NOMBRE DEL FUNCIONARIO QUE ATIENDE

CARGO: Escriba el nombre del cargo que ejerce en la institución.(Para el personal docente escriba el área que atiende).

ASUNTO: Escriba la causa de la citación: Académica o comportamental.

FIRMA DEL PADRE DE FAMILIA Y/O ACUDIENTE

NOTA 1: No olvide que las causas de las citaciones a padres de familia y/o acudientes como sus compromisos deben registrase en el observador del estudiante.

NOTA 2: Si es el padre de familia quién solicitó la cita las observaciones y los compromisos debe hacerlos en el modulo de atención de citas.

APÉNDICE No. 29: PROCEDIMIENTO DE DISEÑO Y PLANEACION. Evidencia de la programación periódica de las disciplinas en donde las entradas (insumos del proceso formativo) y salidas (productos de la acciones de enseñanza – aprendizaje) se reconocen en todo coherente para la formación de calidad.

OBJETIVO

Establecer los elementos básicos para diseñar el servicio educativo acorde con la propuesta educativa ofrecida a los Estudiantes y Padres de familia y conforme con la legislación vigente y a los lineamientos de las Instituciones Educativas del Distrito Lasallista de Bogotá.

ALCANCE

Este procedimiento aplica para el proceso de Gestión Educativa.

DEFINICIONES

Departamento o Área: Equipo de docentes que se conforma teniendo como elemento común el desarrollo de un área o disciplina educativa específica.

Plan de área: Es la programación del área y contiene los elementos generales o comunes de la planeación de área: Propósito de área, misión y visión del área, perfil del estudiante, estándares del área, competencias, logos e indicadores de logro, metodología, contenidos y proyectos.

Plan de periodo: Indicadores de logro, las enseñanzas específicas, los saberes previos, recursos, actividades, eventos evaluativos, la intensidad horaria.

Proyecto pedagógico: Documento que correlaciona e integra los conocimientos, habilidades, destrezas, actitudes y valores de una o diversas áreas.

RESPONSABLE

COORDINADOR ACADÉMICO: es el directo responsable de garantizar el cumplimiento de los elementos establecidos en este procedimiento.

CONDICIONES GENERALES

Cada institución planifica y controla el diseño del servicio educativo, teniendo en cuenta las necesidades y expectativas de los beneficiarios, acorde con el Horizonte Institucional establecido en Proyecto Educativo Institucional.

La entrada del diseño está constituida por el Proyecto Educativo Institucional y la evaluación institucional del año anterior, los resultados de la encuesta de satisfacción realizada a Estudiantes y Padres de familia, la consulta a los estándares del MEN que constituyen los requisitos legales, y los requisitos y directivas suministradas por el Distrito Lasallista de Bogotá

Para los documentos relacionados con el diseño se debe tener en cuenta la siguiente matriz de revisión y aprobación:

Documento	Responsable	Revisa	Aprueba
Plan de área	Jefe de Departamento o área	Coordinador Académico	Consejo Académico (Firma el Rector)
Proyecto pedagógico	Persona Asignada	Coordinador Académico	Consejo Académico (Firma el Rector)
Plan de periodo	Docente	Jefe de Departamento o área	Consejo Académico (Firma el Rector)

Tabla 1.

DESARROLLO

DESCRIPCIÓN	RESPONSABLE	DOCUMENTOS ASOCIADOS
Evaluación de departamento: Evaluar el desarrollo de las actividades y la gestión del los planes de área y los proyectos pedagógicos. Se realiza al finalizar el año lectivo y sus resultados alimentan la elaboración o la actualización del Plan de área.	Jefe de Departamento o área	Actas de reunión de departamento o área.
Plan de área: Establecer los objetivos o metas, las actividades y la descripción del desarrollo de la planeación del área. Especificar los roles y responsabilidades para el equipo	Jefe de Departamento o área.	Plan de área Matriz Plan de Área
Proyectos pedagógicos: Establecer los objetivos, metas y actividades y parámetros de evaluación para cada uno de los proyectos.	Coordinador académico	Proyecto Pedagógico
Plan de Periodo: Concretizar el Plan de área de cada Departamento en la elaboración de la programación para cada grado, especificando los indicadores, las actividades y contenidos a desarrollar, los mecanismos y estrategias de control y evaluación para cada período.	Docente	Plan de Periodo
Revisión: Asegurar la articulación de la programación desde los lineamientos más generales hasta las prácticas concretas de su desarrollo. La revisión se evidencia con las firmas de los documentos del diseño, de acuerdo a la tabla 1.	Coordinador académico	Actas de reunión de Consejo Académico, Departamento o área.

Verificación: Asegurar que los resultados del diseño cumplen con los requisitos de los elementos de entrada. Se realizará por lo menos una vez al año.	Coordinador académico	Actas de reunión de departamento o área. Actas de Consejo Académico. Plan de área Plan de Periodo Proyecto Pedagógico.
Validación: Realizar la validación del diseño mediante: La revisión de los resultados académicos de cada período, El análisis de los indicadores de promoción, Los resultados de pruebas externas.	Coordinador académico	Registro de Validación del Diseño.
Resultados del diseño: Plan de área Plan de Periodo Proyecto Pedagógico Para la aprobación de los documentos ver la tabla 1.	Coordinador académico	Plan de área Plan de Periodo Proyecto Pedagógico.
Cambios y actualizaciones: Los cambios del diseño en los planes de área, planes de asignatura y proyectos pedagógicos, son controlados por el Consejo Académico, quien los aprueba. Los registros de los resultados de la revisión de los cambios se documentan en las actas del Consejo Académico.	Consejo Académico	Actas del Consejo Académico.

GESTION DOCUMENTAL

Copia en papel del presente instructivo y copia electrónica en archivo PDF debe permanecer en el archivo físico del Delegado de la alta Dirección para el sistema de Gestión de Calidad, Carpeta: Gestión educativa.

Copia electrónica del presente documento se debe conservar en la Coordinación Académica.

HISTORIAL O CONTROL DE CAMBIOS A ESTE DOCUMENTO

VERSION	FECHA DE APROBACION	DESCRIPCION DEL CAMBIO REALIZADO
A	24-09-2007	Versión inicial

Elaboró: Firma:	Revisó Firma:	Aprobó Firma:
Nombre:	Nombre:	Nombre:
Cargo:	Cargo:	Cargo:
Fecha:	Fecha:	Fecha:

APÉNDICE No. 30: PROCEDIMIENTO DE EVALUACION Y PROMOCIÓN. Evidencia de las prácticas evaluativas que ejerce cada educador en donde las entradas (insumos de la práctica evaluativa) y salidas (productos de las acciones de evaluación) se reconocen como pertinentes para la promoción escolar.

OBJETIVO

Establecer los pasos a seguir para evaluar de manera integral el desempeño y determinar la promoción de los estudiantes de las Instituciones Educativas del Distrito Lasallista de Bogotá

ALCANCE

Este procedimiento inicia con la aplicación de los criterios de evaluación y finaliza con la promoción del Estudiante.

DEFINICIONES

Logro: Meta de formación establecida para el Estudiante.

Evaluación: Conjunto de estrategias utilizadas para valorar el grado de avance de un estudiante en relación con los logros definidos.

Promoción: Acreditación del estudiante para que pueda acceder al grado o ciclo siguiente de escolarización.

RESPONSABLE

COORDINADOR ACADÉMICO: es el directo responsable de garantizar el cumplimiento de este procedimiento.

CONDICIONES GENERALES

Este procedimiento responde a directrices establecidas por el Ministerio de Educación Nacional.

La evaluación debe servir, entre otros fines, para diseñar e implementar estrategias para apoyar a los estudiantes que tengan dificultades en su proceso de formación y suministrar información que contribuya a la autoevaluación de la Institución y a la actualización permanente del plan de estudios.

Para todos los eventos sujetos a la evaluación debe haber una comunicación oportuna de los resultados a los estudiantes.

DESARROLLO

ACTIVIDAD /DESCRIPCIÓN	RESPONSABLE	DOCUMENTO ASOCIADO
Información de actividades de evaluación: Informar a los estudiantes, al iniciar cada período, sobre los indicadores que se evaluarán, así como las actividades a desarrollar para tal fin.	Docente	Listado de Logros e indicadores de logro. Genosoft FOR-GE-OO5
Evaluación y seguimiento: Desarrollar diferentes actividades de evaluación que den cuenta de la evidencia de los indicadores y del avance en el proceso formativo. Las actividades de evaluación realizadas deben guardar correlación con el Listado de Indicadores de Logros dado al estudiante al iniciar período	Docentes	FOR-GE-008 FOR-GE-005 FOR-GE-008
Registro de resultados actividades de evaluación: Registrar los resultados de las actividades de evaluación para evidenciar el proceso de cada estudiante. Entregar los resultados a los estudiantes.	Docentes	FOR-GE-019 FOR-GE-010

Valoración del desempeño en la evaluación: Registrar, al finalizar el período, un juicio valorativo que refleje el desempeño obtenido por cada estudiante en el desarrollo de todas las actividades de evaluación y las fortalezas y dificultades..	Docentes	FOR-GE-019 FOR-GE-010 Boletín de notas
Sistematización de la información de resultados: Digitar los resultados de la evaluación. Generar informes de cada período	Docentes Encargado de la información.	Boletín de notas.
Análisis periódico de resultados: Analizar los resultados de la evaluación y definir las estrategias de apoyo y control para los estudiantes, al finalizar cada período.	Comisión de Evaluación y promoción.	Actas de comisión de evaluación y promoción
Superación de dificultades: Realizar actividades programadas que permitan a los estudiantes superar las dificultades presentadas en el desarrollo de cada período.	Asesor Académico Docentes	Control de actividades de superación de dificultades. Acta de valoraciones
Valoración del alcance de las metas formativas: Asignar un juicio valorativo, al finalizar el año, que refleje el grado de desempeño global del estudiante en la obtención de las metas establecidas.	Docente	FOR-GE-019
Sistematización de informe final del alcance de metas: Reportar el informe de resultados finales	Docentes	Boletín de notas.
Promoción de los estudiantes: Analizar los resultados y el avance global del estudiante, al finalizar el año escolar y determinar su promoción.	Comisión de Evaluación y promoción.	Actas de comisión de Evaluación y promoción
Actividades de recuperación: Realizar actividades de recuperación a los estudiantes que la Comisión de Evaluación y Promoción determine.	Comisión de Evaluación y promoción.	Control de actividades de superación o recuperación.

GESTION DOCUMENTAL

Copia en papel del presente instructivo y copia electrónica en archivo PDF debe permanecer en el archivo físico del Delegado de la alta Dirección para el sistema de Gestión de Calidad, Carpeta: Gestión educativa.

Copia electrónica del presente documento en archivo PDF se colocará en la página de Gnosoft: http://190.67.85.218:8080/home/inicio/ para que pueda ser consultada por cada uno de los Coordinadores, jefes de área y docentes de la Institución.

Copia electrónica del presente documento se debe conservar en la Coordinación Académica.

HISTORIAL O CONTROL DE CAMBIOS A ESTE DOCUMENTO

VERSION	FECHA DE APROBACION	DESCRIPCION DEL CAMBIO REALIZADO
A	24-09-2007	Versión inicial
B	28-07-2008	Versión corregida
C	12-05-2009	Versión corregida y contextualizada

Elaboró: Firma:	Revisó Firma:	Aprobó Firma:
Lic. GUILLERMO DIAZ A. Nombre:	Lic. CONSUELO ROJAS Nombre:	Hno. JOSÉ GREGORIO CONTRERAS Nombre:
Cargo: Asesor Académico	Cargo: Jefe de Calidad	Cargo: Representante de la alta dirección
Fecha:02-05-2009	Fecha: 07-05-2009	Fecha: 12-05-2009

APÉNDICE No. 31: PROCEDIMIENTO DE SEGUIMIENTO Y ACOMPAÑAMIENTO. Evidencia de las prácticas de acompañamiento que ejerce cada educador en donde las entradas (insumos de la práctica de acompañamiento) y salidas (productos de las acciones de acompañamiento) se reconocen instrumentos que favorecen el desarrollo cognitivo y actitudinal de los estudiantes.

OBJETIVO

Establecer las actividades para el seguimiento y acompañamiento de los estudiantes del Colegio sagrado Corazón de Jesús de Cúcuta.

ALCANCE

Este procedimiento aplica para las distintas actividades que contribuyen a la formación integral de los estudiantes del Colegio Sagrado Corazón de Jesús.

DEFINICIONES

Acompañamiento: Conjunto de actividades orientadas a identificar y promover los procesos de convivencia y formación integral de los estudiantes, en el Colegio sagrado Corazón de Jesús de Cúcuta.

Seguimiento: Verificar y documentar el desarrollo de las acciones de acompañamiento,

RESPONSABLE

COORDINADOR DE DIVISION: Es el responsable de hacer cumplir lo establecido en este procedimiento.

CONDICIONES GENERALES

El Observador del estudiante es el documento que evidencia el proceso de seguimiento y acompañamiento del cada uno de los estudiantes. Estos registros se organizan por cursos y deben ser de fácil acceso cuando sea requerido por algún docente o directivo de la institución.

Las actividades específicas que son objeto de este procedimiento están determinadas por el Manual de Convivencia de la institución.

La comunicación constante entre Padres de familia, Estudiantes e Institución es fundamental para garantizar la eficacia en el acompañamiento y seguimiento.

DESARROLLO

ACTIVIDAD/ DESCRIPCIÓN	RESPONSABLE	DOCUMENTOS Y REGISTROS
Elaboración de Observador del Estudiante: Elaborar, al inicio del año, el registro del observador del alumno para cada uno de los estudiantes de la institución, especificando los datos personales y de identificación de acuerdo al formato establecido.	Coordinador de División	Observador del Estudiante. Gnosoft
Acompañamiento: Acompañar a los estudiantes en el desarrollo de su experiencia de socialización e identificación con el ambiente escolar, a través del ejercicio de la dirección de grupo y de la Psicorientadora.	Titular o director de grupo Psicorientadoras	Plan de curso
Identificar y registrar los aspectos particulares y significativos de las experiencias de los estudiantes, que inciden en su formación integral.	Docentes	Observador del Estudiante. Gnosoft
Promover el desarrollo de habilidades sociales mediante la implementación de actividades grupales e individuales orientadas para tal fin.	Coordinador de Pastoral.	Proyecto de Pastoral y gestión a la comunidad.
Mantener una reflexión constante y controlar el cumplimiento de los criterios de convivencia establecidos.	Coordinador de División	Manual de Convivencia ANEXO 8 PEI
Identificar los casos significativos que requieren atención especial y determinar actividades y responsabilidades.	Coordinador de División	Observador del Estudiante. Gnosoft Actas de reunión de grado.

Seguimiento: Verificar periódicamente el desarrollo de las actividades de acompañamiento y documentar las novedades que se vayan presentando.	Coordinador de División	Observador del Estudiante. nosoft
Valoración del desarrollo Humano: Valorar en todos los estudiantes la experiencia de convivencia y determinar los casos que ameriten estímulos o sanciones.	Coordinador de División	Observador del Estudiante. Genosoft Lista de evaluación
Debido Proceso: En el caso de las sanciones se debe garantizar en el debido proceso la documentación de todas las acciones de acompañamiento y seguimiento, cumpliendo con las condiciones generales de este procedimiento	Coordinador de División	Observador del Estudiante. Gnosoft Actas.

GESTION DOCUMENTAL

Copia en papel del presente instructivo y copia electrónica en archivo PDF debe permanecer en el archivo físico del Delegado de la alta Dirección para el sistema de Gestión de Calidad, Carpeta: Gestión educativa.

Copia electrónica del presente documento en archivo PDF se colocará en la página de Gnosoft: http://190.67.85.218:8080/home/inicio/ para que pueda ser consultada por cada uno de los Coordinadores, jefes de área y docentes de la Institución.

Copia electrónica del presente documento se debe conservar en la Coordinación Académica.

HISTORIAL O CONTROL DE CAMBIOS A ESTE DOCUMENTO

VERSION	FECHA DE APROBACION	DESCRIPCION DEL CAMBIO REALIZADO
A	24-09-2007	Versión inicial
B	28-07-2008	Versión corregida
C	12-05-2009	Versión corregida y contextualizada

Elaboró: Firma:	Revisó Firma:	Aprobó Firma:
Lic. GUILLERMO DIAZ A. Nombre:	Lic. CONSUELO ROJAS Nombre:	Hno. JOSÉ GREGORIO CONTRERAS Nombre:
Cargo: Asesor Académico	Cargo: Jefe De Calidad	Cargo: Representante de la alta dirección
Fecha:02-05-2009	Fecha: 07-05-2009	Fecha: 12-05-2009

APÉNDICE No. 32: MAPA COGNITIVO. El mapa cognitivo es una forma de institucionalizar las competencias, de las cuales se desprenden una serie de logros e indicadores pero en línea cognitiva, de acuerdo con el Modelo Pedagógico Aprendizaje Significativo.

COMPETENCIA	INTERPRETATIVA	ARGUMENTATIVA	PROPOSITIVA	COMUNICATIVA
PROCESOS LOGROS	ANALIZA	RETIENE	CREA	EXPRESA
INDICADORES DE LOGRO	IDENTIFICA CLASIFICA DECODIFICA DIFERENCIACION RAZONAMIENTO LOGICO RAZONAMIENTO HIPOTETICO RAZONAMIENTO SILOGISTICO RAZONAMIENTO TRANSITIVO RAZONAMIENTO ANALOGICO JERARQUIZA COMPRENDE DESCRIBE RECONOCE RELACIONA INFIERE DISTINGUE TRADUCE CALCULA	COMPARA CODIFICA REPRESENTACIONES MENTALES RECUERDO DISCUTE LOCALIZA DEBATE APLICA VARAIBLES VERIFICA RESULTADOS RESUELVE ECUACIONES SUSTENTA JUSTIFICA EVALUA EXPLICA DEMUESTRA HIPOTESIS COMPRUEBA PLANTEA CAUSAS Y EFECTOS. DA RAZON DA EJEMPLOS	SINTESIS PROYECCION DE RELACIONES VIRTUALES TRANSFORMACIONES MENTALES PENSAMIENTO DIVERGENTE ENSAMBLA PREPARA ORGANIZA REUNE DEDUCE EXTRAPOLA DISEÑA PLANTEA RESUELVE PROBLEMAS GENERA HIPOTESIS CONCEPTUALIZA GENERA ALTERNATIVAS DE SOLUCION SOLUCIONA DEMUESTRA HIPOTESIS FORMULA PROYECTOS CONSTRUYE MODELOS INVENTA PROBLEMAS CREA NUEVOS SIGNIFICADOS	CODIFICA HABLA LEE ESCUCHA ESCRIBE RAZONAMIENTO SILOGISTICO

OPERACIONES MENTALES

FUNCIONES COGNITIVAS

APÉNDICE No. 33: FORMATO PARA ELABORAR ACTAS DE REUNION. Este formato le permite a la institución poder unificar los tipos de actas y poder hacer un seguimiento a las diferentes reuniones ejecutadas en la institución educativa.

	INSTITUCION EDUCATIVA	Código:
		Versión :
		Fecha:
		Página:1/3

REUNIÓN DE: _____

ACTA No. 00

	DÍA	MES	AÑO
Fecha de la Reunión			

1. PARTICIPANTES

1.1. ASISTENTES	1.2. AUSENTES

1.3 INVITADOS

1.4. OBSERVACIONES

Hora de Inicio		AM		OBSERVACIONES:	
		PM			

Lugar:

2. PLANIFICACIÓN DE LA REUNIÓN

2.1. AGENDA
OBJETIVOS DE LA REUNIÓN

3. DESARROLLO DE LA REUNIÓN

3.1. PRINCIPALES DISCUSIONES Y CONCLUSIONES

4. CONTROL Y SEGUIMIENTO

4.1. SEGUIMIENTO A TAREAS Y COMPROMISOS ASIGNADOS EN REUNIÓN ANTERIOR				
ACTIVIDAD	RESPONSABLE	CUMPLIDO		OBSERVACIONES
		SI	NO	
1.				
2.				
3.				

4.2. NUEVAS TAREAS Y COMPROMISOS		
ACTIVIDAD	RESPONSABLE	FECHA DE VENCIMIENTO
1.		
2.		
3.		
4.		

Dando cumplimiento al objetivo de la reunión, se da por terminada.

Hora de Finalización		AM		OBSERVACIONES:	
		PM			

En constancia firman:

_____   _____

Jefe.   Secretaria.

GESTION DOCUMENTAL

Original: Departamento de

Nombre del Archivo:

	INSTITUCION EDUCATIVA INSTRUCTIVO PARA LA ELABORACION DE ACTAS	Código:
		Versión :
		Fecha:
		Pàgina:

APÉNDICE No. 34: INSTRUCTIVO PARA DILIGENCIAR ACTAS DE GRADO. Evidencia la formalización del grado, una vez se reconozca el desempeño de los estudiantes.

OBJETO:

Establecer los lineamientos generales o reglas básicas que se deben seguir para la elaboración de las actas que se levanten en las diferentes reuniones de tipo administrativo que se realicen en la institución educativa.

ALCANCE:

Este instructivo es aplicable para TODAS las reuniones de tipo administrativo que se realicen en la institución educativa.

DEFINICIONES:

ACTA: El acta es una comunicación interna que constituye la memoria de reuniones o actos administrativos. Su objetivo es relacionar lo que sucede, se debate y/o se acuerda en una reunión.

RESPONSABILIDAD

Es responsabilidad de quien preside cada una de las reuniones de carácter administrativo, nombrar a una persona para que cumpla las funciones de secretario(a) y levante el acta teniendo en cuenta este instructivo.

Por otra parte será su responsabilidad archivar convenientemente estas actas en un lugar seguro y al finalizar el año y mediante acta de entrega llevarlo al archivo central.

CONDICIONES GENERALES

1. Antes de elaborar cualquier acta en la institución educativa, es necesario leer y seguir las instrucciones aquí informadas.

2. Toda Acta expresa lo tratado en la reunión sin describir detalles intranscendentes. Los párrafos deben ser concisos, claros y que hagan énfasis en las determinaciones tomadas. Sin embargo, por solicitud expresa, se anotan las discrepancias.

3. Se anota el nombre completo de la persona que presenta una moción o proposición, pero no es necesario anotar el nombre de quien(es) se adhieren a ella.

4. Cuando hay lugar a votación, se anota el número de votos a favor y el número de votos en contra o en blanco.

5. Los márgenes a utilizar son los siguientes: Superior e Izquierdo 3 cm., Derecho e Inferior 2.5 cm.

6. El tipo de letra a utilizar será Arial 11 a excepción: del Titulo: Institución Educativa…. que irá con Arial 14 en negrilla; y el título del documento en Arial 12 en negrilla.

7. Paginación: La paginación se realizará de la siguiente manera: se escribe el número de página en la parte inferior derecha con 2 dígitos. El primer dígito corresponde al número de la página y el segundo dígito entre paréntesis corresponde al número total de páginas. Ejemplo 5(6) corresponde a la quinta página de un documento que tiene 6 hojas

El acta se debe elaborar en papel bond tamaño carta.

DESCRIPCION DE UN DOCUMENTO:

PARTES DEL ACTA

ENCABEZADO: Escribir centrado, en mayúsculas sostenida y con negrilla y Arial 14 INSTITUCIONEDUCATIVA.... (Sin espacio en blanco).

Debajo del nombre del colegio y en mayúscula se escribe Cúcuta en arial 12.

(Un espacio en blanco)

LEMA DEL COLEGIO Escribir el lema que se utilizará durante el año en formato tipo titulo y en cursiva. (un espacio en blanco)

Ejemplo: "Formando integralmente con calidad humana"

TÍTULO: Escribir centrado, en mayúsculas sostenida, en negrilla y Arial 12 el nombre del organismo del Colegio que cita a reunión y el carácter de la misma

(1 espacio en blanco)

ACTA No.: Escribir centrado, en mayúsculas sostenidas y sin negrilla ACTA No.__. Escribir el número consecutivo que corresponda a la respectiva sesión; iniciando con 001 cada año.

(3 espacios en blanco)

FECHA: fecha de la reunión, día-mes-año(1 espacio en blanco)

PARTICIPANTES: Las personas que deben participar en la reunión relacionadas de la siguiente manera :

ASISTENTES: (Sin espacio en blanco, Nombres y apellidos
en mayúscula sostenida, de los integrantes del organismo que
asistieron a la reunión. Frente a cada nombre se escribe el cargo que
ocupa en el organismo. [Separado con coma (,) y la primera letra
con mayúscula]. Seguidamente y con guión (-) se citará su calidad
de integrante en el comité. Se debe dejar un espacio en blanco entre
los nombres. (2 espacio en blanco)

AUSENTES: (Sin espacio en blanco) Nombres y apellidos en
mayúscula sostenida de los integrantes que no asistieron a la
reunión. Frente a cada nombre se escribe el cargo que ocupa. Es
conveniente indicar si la ausencia es justificada o no.

INVITADOS: (Sin espacio en blanco) Nombres y apellidos
en mayúscula sostenida, de los invitados que participaron en
la reunión. Frente a cada nombre se escribe el cargo o título
profesional (Separado con coma (,) y la primera letra con
mayúscula. Se debe dejar un espacio en blanco entre los nombres.

(2 espacios en blanco)

OBSERVACIONES: Se registran las anotaciones necesarias
relacionadas con los asistentes, ausentes e invitados

HORA DE INICIO Escribir la hora de inicio 11:00 A.M

(1 espacio en blanco)

LUGAR: Escribir el nombre del lugar o sede donde se realiza la
reunión.

(2 espacios en blanco)

PLANIFICACION DE LA REUNION: (1 espacio en blanco)

AGENDA: Con números arábigos relacionar los puntos reglamentarios (Verificación de quórum, Lectura y aprobación del acta anterior) al igual que los temas a tratar en dicha reunión.

(2 espacios en blanco).

12.OBJETIVOS DE LA REUNIÒN: Especificar de forma clara, concisa y precisa que se va a lograr con la reunión (1 espacio en blanco)

DESARROLLO DE LA REUNION: (1 espacio en blanco)

PRINCIPALES DISCUSIONES Y CONCLUSIONES

Con números arábigos identificar cada punto del desarrollo del texto, escrito a interlineación sencilla entre renglones y a dos entre párrafos (Escribir en tiempo pasado).

- Especificar la conclusiones a que se llegaron en la reunión que pueden ser:

- Acuerdos y/o directrices.

Acciones y Responsabilidades.

(2 espacios en blanco)

CONTROL Y SEGUIMIENTO

SEGUIMIENTO A TAREAS Y COMPROMISOS ASIGNADOS EN REUNION ANTERIOR

Con números arábigos identificar cada actividad asignada en la reunión anterior, el responsable y con una equis señalar si la actividad se cumplió o no, consignar las observaciones necesarias.

(un espacio en blanco).

NUEVAS TAREAS Y COMPROMISOS :

Con números arábigos registrar las tareas y compromisos, la persona o personas responsables de ejecutarlas y la fecha limite para realizarlas.

HORA DE FINALIZACIÒN: Hora en que termina la reunión 12:00 A.M

FIRMAS, NOMBRES Y CARGOS: Escribir el nombre completo de los firmantes responsables en mayúscula sostenida y en la línea siguiente se escribe el cargo que ocupa en el organismo.

NOTA: En el espacio dejado sobre el nombre, los firmantes deben estampar su autógrafo o rúbrica (con esfero o bolígrafo cuya tinta sea negra).

(2 espacios en blanco)

DATOS DEL TRANSCRIPTOR: Finalmente se escribe el nombre y la primera letra del apellido del transcriptor.

(3 espacios en blanco)

GESTION DOCUMENTAL: Al finalizar toda acta se debe escribir lo siguiente

GESTION DOCUMENTAL

Original: Dependencia que levanta el acta. (Arial 8)

Nombre del Archivo: Si la dependencia tiene identificado el archivo (Arial 8)

Ejemplo:

GESTIÒN DOCUMENTAL

Original: Departamento de Ciencias Naturales

Nombre del Archivo: Actas del Departamento.

HISTORIAL O CONTROL DE CAMBIOS A ESTE DOCUMENTO

VERSIÓN	FECHA DE APROBACIÓN	DESCRIPCIÓN DEL CAMBIO REALIZADO
A	02-10-2006	Versión Inicial

GESTIÓN DOCUMENTAL.

Este instructivo debe aparecer en los archivos de la oficina de los responsables de los procesos, en los archivos de los miembros del Consejo Académico, Coordinación, Departamentos, Secretaría y debe ser archivado según lo dispuesto en el INS-GQ-004. "INSTRUCTIVO PARA EL ARCHIVO DE LA DOCUMENTACION"

FIRMAS DE APROBACION DEL INSTRUCTIVO PARA LA ELABORACION DE ACTAS

Elaboró: Firma:	Revisó Firma:	Aprobó Firma:
Nombre:	Nombre:	Nombre:
Cargo:	Cargo:	Cargo:
Fecha:	Fecha:	Fecha:

BIBLIOGRAFÍA

Ander-egg, E. (1997). *Diccionario de Pedagogía.* Argentina, Magisterio.

Benedito, A. (1973). *La Evaluación. Revista educación hoy.* No 17, Octubre. Bogotá, Colombia.

Bertoni, A. (1997). *Evaluación, nuevos significados para una práctica compleja.* Bogotá, Norma.

Bogoya, (2000). Competencias y proyecto pedagógico. Universidad Nacional de Colombia. UniBiblos. Bogotá.

Casanova, M. (1999). *Manual de Evaluación Educativa.* La Muralia. Madrid.

Díaz, C. (2006). Historicidad, Saber y Pedagogía. Una mirada al modelo pedagógico lasallista en Colombia. 1915 – 1935. Universidad de La Salle, Bogotá.

Díaz, F. (2001). *Estrategias para un aprendizaje significativo.* México.

García, V. (1998). *Objetivos de la educación personalizada.* Madrid, Escuela Nueva.

ICONTEC, (2006). NTC – ISO 9001. Bogotá.

Leff, E. (2003). La complejidad ambiental. Buenos Aires, Siglo Veintiuno editores.

Martínez, M. (1995). *Aprendo a Pensar. (Para mejorar mi potencial de aprendizaje).* Bruño, Madrid.

Merani, A. (1983). *Diccionario de pedagogía.* Grijalbo, Barcelona.

Ministerio de Educación Nacional. Ley 1115 de 1994.

_____. Decreto 230 de 2002. Bogotá,

_____. (1997). *Evaluación en el aula y más allá de ella.* Bogotá.

_____. Decreto 1290 de 2009. Bogotá,

Mounier, E. (2002). *El Personalismo.* Bogotá, Nueva América.

Moreno, N. (1973). *Educación hoy.* Bogotá, CIEC.

Pérez, M. *Evaluación escolar ¿Resultados o procesos?.* Bogotá, Magisterio.

Ramo, T. (1996). *Teoría y práctica de la evaluación en la educación secundaria.* Madrid, Escuela Española.

Rivlin, T. (1975). *Diccionario de pedagogía.* San Salvador, El Salvador.

Rodríguez, H. (1999). *Evaluación en el aula.* Trillas, México.

Sacristán, G. (1996). *Comprender y transformar la enseñanza.* Morata, Madrid.

Sevillano, M. (2005). Didáctica en el siglo XXI. Ejes en el aprendizaje y enseñanza de calidad. McGrawHill, Madrid.